BAD
TRASH

CASE

BAD
TRASH

CASE

심리학자에게 배우는

# 자존감 관계법

출판은 사람과 나무 사이에서 이루어지는 가치 있는 일입니다.
도서출판 사람과나무사이는 의미 있고 울림 있는 책으로 독자의 삶을
좀 더 풍요롭게 만들기 위해 최선을 다하겠습니다.

심리학자에게 배우는

# 자존감 관계법

가토 다이조 지음 | 서수지 옮김

사람과
나무사이

## 저자 서문

# '자신감 없는 내 모습'은 당신의 실제 모습이 아니라 다른 사람이 만들고, 그렇게 믿도록 당신에게 강요한 허상일 뿐이다

편안한 관계란 어떤 것일까? 한마디로 자신의 신체적, 지적 약점을 상대방 앞에서 부끄럽게 느끼지 않는 관계다. 사람은 편안한 관계 속에서 심리적으로 성장한다.

'약점을 부끄럽게 느끼지 않는다'라는 말은 약점의 존재를 부정하는 것과는 다르다. 그보다는 자신의 약점을 인식하고 인정하며 특히 자기 자신에게까지 약점을 숨기지 않는다는 의미다.

다른 사람과의 관계에서 자신의 약점이 드러나더라도 상대방 앞에서 움츠러들지 않아야 하는데, 그러기 위해서는 '심리적 성장'이 뒷받침되어야 한다. 자신의 약점이 들춰지고 까발

려질지 모른다는 불안감 없는 관계라야 비로소 자신의 잠재력을 제대로 발휘할 수 있다.

자신의 약점을 지나치게 의식하고 쉽게 자책하거나 위축되는 사람에게 권해주고 싶은 조언 한 가지. '자신의 약점을 솔직히 인정하고 드러낼 줄 아는 사람과 교류하라.' 왜 이런 조언을 할까? 이유는 단순하다. 자신의 약점을 부끄러워하는 사람은 자신의 약점을 대수롭지 않게 여기고 드러낼 줄 아는 사람과 관계를 맺어야 마음이 편안해지고 자존감도 높아지기 때문이다. 높은 자존감과 편안한 인간관계가 뒷받침되어야 삶을 대하는 자세가 좋아지고 하는 일도 잘 풀리기 때문이다.

자존감이 낮은 사람은 어쩌다 자존감이 낮은 사람이 되었을까? 어려서부터 주위 사람들에게 다양한 형태로 심리적으로 억압받거나 조종당해왔기 때문이다. 심리적 조종에도 여러 방식이 있다. 예를 들어 당신이 우쭐한 기분이 들도록 치켜세워주며 은밀히 심리를 조종하는 방식이 있고, 반대로 당신의 죄책감을 자극하며 교묘히 심리를 조종하는 방식도 있다.

당신의 약점을 꿰뚫어 본 사람이 평소 당신을 어떤 방식으로 조종하고 휘두르는가? 이 책의 조언을 읽고 이해하면 '자신감 없는 내 모습'은 실제 모습이 아니라 다른 사람들이 만들고, 그렇게 믿도록 당신에게 강요한 허상에 지나지 않음을 깨닫게 될 것이다. 어려서부터 이어져 온 심리적 고통과 좌절을 이해하는 순간 당신은 해결의 실마리를 찾은 셈이다. 이제 당신은 다른 사람과의 관계에서 휘둘리거나 조종당하지 않고 좀 더 자신감 있는 태도로 인생을 살게 될 것이다.

자신의 약점을 부끄럽게 여기는 마음과 낮은 자존감, 그로 인한 불안한 인간관계는 강줄기를 따라 그 근원이 되는 샘을 찾듯 거슬러 올라가보면 뜻밖에도 사소한 원인에서 비롯된 경우가 적지 않다. 예를 들어 어린 시절 주위 사람에게 놀림받거나 비웃음당한 사람은 '나는 사랑받을 가치가 없는 사람이야'라고 자신을 비하한다. 이렇듯 어린 시절 주위에 있던 사람이 자신을 어떻게 대하고 행동했는지와 같은 사소한 일로 자아상이 만들어진다.

이 사실을 몸으로 체득하고 이해해야 한다. 그렇게 되면 자신감이 없고 자존감이 낮은 자기 모습이 오히려 어색하게 느껴지고 헛웃음이 나온다. 몸으로 이해하게 되면 생각보다 쉽게 자신감이 생기고 자존감이 높아진다.

당신이 높은 자존감과 당당한 자신감으로 다른 사람과 좋은 관계를 맺고 행복한 인생을 살아가기를 진심으로 바라고 기원한다. 그리고 분투하는 당신에게 이 책이 작게나마 위로와 용기를 주면 좋겠다.

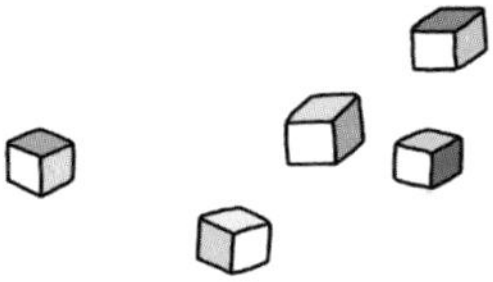

# 차 례

## CHAPTER 02 자기감정의 가장 친한 친구가 돼라

TRASH

## CHAPTER 04 자기부정 심리를 자기긍정 심리로 바꾸어라

## CHAPTER 05 때론 '나쁜 사람'이 되기를 두려워하지 마라

BAD
GOOD

CASE

CHAPTER

# 01

# 궁정적 '나의 눈'으로 자신을 보라

Counseling

01

# 내면의 '어린아이'가 성숙한 인간관계를 방해한다

상담자

"주위 사람들이 내 말에 귀 기울여주지 않고,
적극적으로 반응해주지 않고, 칭찬해주지 않으면
왜 화가 날까요?"

심리학자

"당신 안의 어리광 욕구가 충족되지 않았기 때문입니다.
즉, 어린 시절 부모나 주위 어른들에 의해 감정을
억압받아 그 시기에 충분히 누렸어야 할 어리광 욕구를
누리지 못하고 억눌렀기 때문일 가능성이 큽니다.
이 점을 냉철히 돌아보고 인정하는 일로부터
출발해야 합니다."

## 인간관계의 최대 걸림돌,
## 내 안의 '어리광 욕구'

생각은 누구나 자유롭게 할 수 있다. 그러나 적어도 어른이라면 머릿속 생각을 말로 다 표현하지는 않는다. 그 생각이 상황에 맞지 않거나 상대방의 마음을 불편하게 할 수 있기 때문이다.

그럼에도 머릿속 생각에 그치지 않고 마치 물을 엎지르듯 입 밖으로 생각을 마구 쏟아내며 자신의 욕구를 다른 사람에게 들어달라고 아이가 엄마에게 떼를 쓰듯 요구하는 사람이 있다. 이런 사람은 내면에 '어리광'이 많이 남아 있는 사람이다. 까다로운 성격의 사람도 사실은 어리광쟁이인 경우가 많다.

어리광이란 뭘까? 사전에는 "어른에게 귀염받거나 남의 마음을 기쁘게 하려고 어린아이의 말씨나 태도로 버릇없이 굴거나 무엇을 흉내 내는 일"로 풀이돼 있다. 이 기본 의미에서 출발하여 좀 더 확장해서 생각해보면 '자신이 바라는 반응이 상대방에게서 돌아오지 않을 때 감정 조절이 안 될 정도로 파르르 떨며 분노하는 행위' 정도로 볼 수 있다. 일테면 이런 식이다.

"내 말에 좀 더 적극적으로 반응해줘!"

"내가 하는 말에 귀 기울여달라니까!"

"내가 하는 일에 좀 더 감탄해달란 말이야!"

"나를 봐. 그리고 칭찬해줘!"

다른 사람에게 평소 바라는 게 많고 요구사항이 많은 사람의 내면에는 '어리광부리고 싶은 욕구'가 남아 있다. 어린아이가 평소 어떻게 행동하는지 한번 떠올려보자. 어린아이는 원하는 것을 손에 넣지 못하거나 부모 등 주위사람들이 자신이 기대하는 반응을 보여주지 않으면 입을 뾰로통하게 내밀고, 삐친 티를 내고, 심술을 부린다. 그러다가 좀 더 심사가 뒤틀리면 주위 상황에는 아랑곳하지 않고 큰 소리로 울음을 터뜨리며 떼를 쓰기도 한다.

무척이나 신경 쓰이는 상황이기는 해도 이런 일이 크게 문제되는 것은 아니다. '아이니까 그렇잖아. 얼마든지 그럴 수 있지 뭐' 하며 주위 사람들 대부분 이해해주기 때문이다. 반면 어린아이처럼 무작정 울고불고 발버둥치며 떼를 쓸 수 없는 어른은 부루퉁한 표정으로 입을 꾹 다물어버리거나 언짢은 기색을 내비치는 반응으로 대신한다.

자기 생각을 조곤조곤 설명하며 요구사항을 당당히 말하지 못하고 어린아이처럼 불만스러운 감정을 얼굴에 드러내는 행위에는 다음과 같은 마음이 담겨 있다.

'여러분, 나를 좀 봐주세요! 내게 관심을 가져주세요. 그리고 떠받들어주세요!'

내면에 이런 심리가 도사리고 있는데 상대방이 무관심하거나 심드렁한 태도를 보이면 서운한 마음이 쓰나미처럼 밀려오고 안색이 달라진다. 자신을 떠받들어달라는 말을 차마 자기 입으로 하지 못하고 속만 끓이자니 그런 불편한 마음이 얼굴에 고스란히 나타나는 것이다. 말하지 않아도 상대방이 알아서 해주길 바라며 자주 심기가 불편해져 언짢은 티를 내는 사람은 그저 어리광을 부리고 싶어 하는 것일 뿐이다. 이런 유형의 사람은 어린 시절 나이에 맞게 충분히 어리광을 부리지 못하고 지나가버려 어리광 욕구를 제대로 해소하지 못해서일 가능성이 크다. 그러다 보니 어리광 욕구가 언제나 그 사람의 감정을 붙잡고 놓아주지 않는다.

'마음이 언짢거나 못마땅한 감정'을 심리학에서는 어떻게 표현할까? passive aggressive, 즉 '수동적 공격 성향'이라고 주로 말한다. 수동적 공격 성향을 지닌 사람은 대놓고 공격적이지 않다. 다만 마음속에 뾰족한 가시를 숨기고 있다가 상대방을 책망하는 방식으로 콕콕 찌를 따름이다. 말하자면 수동적인 자세로 상대방을 공격하는 것이다. 특히 기분이 언짢은 사람은 다른 사람의 언짢은 기색에 민감한 반응을 보인다. 그들은 주위의 모든 사람이 자신의 요구를 무조건 받아들여주기를 바라고 한발 더 나아가 자신을 떠받들어주기를 원한다. 그러나 현실에서 그게 가능할 리 없다. 당연하게도 그런 허황된 바람은 충족되지 않을 것이고, 심지어 대놓고 거부하는 사람이 나오거나 냉랭한 분위기가 흐를 수도 있다. 이쯤 되면 그 사람은 평소보다 더 예민하고 까칠해진다. 좌절감이 깊어지고 사람들과의 사이에 더 높은 벽을 쌓게 된다.

'어리광'이란 세상이 자기 자신을 중심으로 돌아가기를 바라는 한없이 이기적인 욕구다. 어리광이 심한 사람은 일종의 '관심종자'로 모두가 자신만을 바라봐주길 원하는 경향이 있다. 자신의 리듬과 에너지에 맞춰 모든 사람이 움직여주기를 바란다. 그게 뜻대로 안 되면 까탈을 부리고 생트집을 잡는다. 관계를 해치고 분위기를 망친다. 그러다가 이따금 혼자 있고 싶을 때는, 한편으로는 '혼자 있게 날 내버려 두면 좋겠어'라고 생각하면서도 다른 한편으로 온통 사랑받고 싶어 하는 이중적이고 이율배반적인 모습을 보인다.

어리광 욕구를 버리지 못한 사람은 분위기가 조금만 어색하고 불편해도 견디질 못한다. 다른 사람의 언짢은 기색에 몹시 민감하기 때문이다.

## 살아남기 위해 '어리광 욕구'를 억누른 채 가짜 어른이 되어 어른 흉내를 내는 아이들

충분히 사랑받고 자란 사람은 다른 사람을 믿고 자기 자신을 신뢰한다. 충분히 사랑받은 사람, 어리광 욕구를 충족한 사람은 자신을 믿고 홀로 설 수 있다. 이런 사람은 주위 사람들의 반응에 따라 감정이 오락가락하지 않는다.

반면 어린 시절 부모에게 감정을 억압받은 아이는 내면의 감정 속으로 달팽이처럼 움츠러든다. 어리광 욕구를 완벽하게 억누르며 지낸다. 심지어 어린아이가 마치 어른처럼 부모의 어리광을 받아주기도 한다.

이런 아이는 주위의 지나친 요구에 맞추느라 자기 내면의 감정에 둔감해진다. 사실 아이는 아직 주위의 이런저런 요구를 들어줄 수 있는 존재가 아니다. 그런데도 주위 요구에 부응하지 못하면 냉랭하게 거부당하는 탓에 아이는 어쩔 수 없이 맞춰주려 애쓴다. 매몰차게 거부당하면 독립성을 갖추지 못한 아이가 홀로 살아갈 수 없기 때문이다.

절박한 생존본능으로 아이는 부모에게 뭔가를 요구하지 않고 반대로 부모가 자신에게 바라는 모습을 애써 연기하면서 억지로 맞춰간다. 어리광을 부리고 싶고 투정하고 싶어도 그럴 상황이 아니기 때문이다. 어리광 욕구는 부모의 욕구 충족에 걸림돌이 되므로 아이는 욕망이 튀어나오지 않도록 뚜껑을 덮고 못을 박아 봉인한다. 어리광을 부리고 싶은 자신의 욕구를 잘못된 것으로 간주하면서 말이다.

이럴 때 실제의 당신 자신은 허락받지 못한 존재로 전락하고 그 '실제의 자신'을 죄책감을 느끼며 원죄의 덫에서 벗어나지 못하는 존재로 바라보게 된다. 그러다 보니 당신 자신을 신뢰하는 것이 아니라 오히려 자신에게 두려움을 느낀다.

차마 남들에게 말하지 못하는 죄책감은 자기방어 심리에서 비롯된다. 그것은 바로 부모를 향한 방어다. 그러나 이제는 당신 자신을 애써 방어할 필요가 없다. 당신은 부모의 어리광을 받아주는 존재가 아니며 자신의 존재를 꺼림칙하게 느낄 필요도 없다. 또 하나 중요한 것은 무엇보다 당신 안에 어리광 욕구가 있음을 깨달아야 한다는 점이다.

언제나 부루퉁한 사람, 죄책감에 시달리는 사람, 자신과 마주하지 못하고 두려워하는 사람, 자기 존재를 인정하지 않는 사람은 자신이 진정으로 바라는 것이 무엇인지 알지 못한다. 문제는 마음 깊은 곳에서 무엇을 바라는지, 자신에게 정작 필요한 것이 무엇인지 알지 못한다는 데 있다.

이런 사람이 마음 깊은 곳에서 바라는 것은 무엇일까? 바로 '다정함'이다. 그런데 이들은 자기 자신을 지키는 데 급급해 자신의 바람을 알아차리지 못한다.

어리광 욕구를 충족하지 못한 사람은 자기중심적인 어리광쟁이다. 먼저 그 사실을 인정해야 한다. 자신이 어리광쟁이라는 사실을 외면한다고 해도 그것이 사라지는 게 아니며 기분만 찜찜할 뿐이다. 그리고 그 감정을 억누른다 한들 언젠가 다른 형태로 튀어나온다. 예를 들면 다른 사람의 불행을 보며 속으로 기뻐하는 식이다. 증오하는 마음에 정의라는 가면을 덧씌워 다른 사람을 괴롭히면서 비뚤어진 방식으로 자기 욕구를 분출하는 것이다.

용기를 내서 당신의 바람과 욕망을 솔직하게 인정해야 한다. 좀 더 정확히 표현하자면 자기 소망을 정확히 깨달아야 한다. 신경질적인 사람은 자신의 소망이 무엇인지조차 모른 채 살아간다. 즉, 자신이 무엇을 필요로 하는지 알지 못한다.

누구나 다정함을 원하지만 이런 유의 사람들은 더더욱 강렬히 다정함을 갈망한다. 한데 이들에게는 마음이 따뜻한 사람과 차가운 사람을 구별하는 안목이 없다. 어리광 욕구를 충족하지 못해 신경질적인 사람도 때로 다정한 사람을 만난다. 그러나 안타깝게도 상대가 자신에게 필요한 사람이라는 사실을 깨닫지 못한다. 문제는 여기에 그치지 않고 오히려 자기 마음의 병을 더욱 악화시키는 최악의 사람과 쉽게 얽히고 만다는 점이다.

누군가와 인간관계를 맺을 때 심사숙고하며 차분히 돌아봐야 할 점이 있다. 당신 자신에게 이렇게 질문을 던져보자. '나는 관계 자체를 원하는가? 아니면 누군가에게 보여주기 위한 관계를 맺으려 하는가? 혹시 내 욕구를 충족하고자 그 사람과 만나려 하는 것은 아닌가?' 이렇게 질문을 던지고 그 질문에 냉철히 답변하며 자기 마음을 조용히 성찰해야 한다.

어쩌면 상대방과 만나고 관계를 맺으려 하는 당신의 중요한 동기가 '열등감'일지도 모른다. 만일 그렇다면 그 관계는 당신이 원하는 것과는 정반대로 나쁜 결과를 낳을 가능성이 크다. 열등감에서 비롯된 관계일 경우 상대방을 만나면 만날수록 열등감은 더욱더 깊어질 테고, 깊은 열등감이 늘 따라다니는 만남과 그 관계가 좋은 방향으로 나아갈 리 없기 때문이다.

Counseling

02

# '혼자 있는 시간의 힘'이 진짜 인생을 만든다

상담자

"내 안의 어리광 욕구와 허영심을 없애고
내실 있는 진짜 인생을 살려면 어떻게 해야 할까요?"

심리학자

"혼자만의 시간을, 그리고 인생을 즐길 줄 아는 사람이
되려고 노력하세요. '혼자 있는 시간의 힘'이 길러질수록
당신 안의 어리광 욕구와 허영심은
차츰 줄어들 것입니다."

## 허영심을 채우려고 노력하는 일이 밑 빠진 독에 물을 채우는 일과 다르지 않은 이유

어리광 욕구를 충족하지 못한 사람은 대체로 허영심이 많다. 다른 사람에게 주목받고 싶어 하고, 자신에게 관심이 집중되기를 바라며, 늘 칭찬을 갈망한다. 주위의 모든 사람이 자신을 보며 "와, 대단한데!"라며 감탄해주길 원한다.

이런 유의 사람은 자기 안의 허영심을 채우려고 노력하고 또 노력한다. 그러나 허영심을 충족하는 것이 말처럼 쉬운 일은 아니다. 그것은 마치 밑 빠진 독에 물을 붓는 일과도 같다. 어마어마한 에너지가 필요할 뿐 아니라 아무리 열심히 허영심을 채우고자 노력해도 어딘가가 깨져 구멍 난 독처럼 끝내 채워지지 않고 공허함만 남게 되기 십상이다.

물론 어딘가에 구멍 뚫린 독도 일시적으로 물이 채워질 때가 있다. 이와 마찬가지로 허영심이 많은 사람의 마음도 일시적으로 그 허영심이 채워지는 것처럼 느껴질 때가 있다. 바로 모두에게 주목받고 다른 사람들이 감탄해주는 순간이다. 그러나 이는 그야말로 어디까지나 '일시적인' 만족일 뿐이다. 구멍 뚫린 독은 잠시 가득 찬 것처럼 보여도 시간이 지나면 물이 차츰 빠져나가 텅 비어버리듯 충족되지 못한 어리광 욕구를 잠시, 그리고 간접적으로 충족한 정도에 지나지 않는다.

어리광 욕구를 직접 충족하려고 하면 간접적으로 충족할 때보다 훨씬 많은 에너지가 필요하다. 허영심이 강한 사람은 자기만족을 위해 엄청난 에너지를 쏟아붓는다. 그러나 돌아오는 대가는 일시적이고 매우 작다. 마음이 항상 불안하고 공허한 것은 그래서다.

어리광 욕구가 강한 사람은 자신의 허영심을 줄이고 치유하는 데 필요한 요소와 사람을 제대로 구분하지 못한다. 이런 사람은 혼자서는 아무것도 하지 못한다. 혼자서 뭔가를 하려고 하면 시시하게 느껴져 에너지가 생기지 않기 때문이다. 예를 들어 혼자서 아무리 멋지게 헤엄쳐본들 지켜봐주고, 박수쳐주고, 감탄해주는 사람이 없으면 의미가 없다. 혼자서 근사한 풍광의 호수를 바라본들 마음이 즐겁지 않고 따분하기만 하다. 혼자서 운치 있는 숲속을 산책한들 기분이 상쾌해지기는커녕 괜히 마음만 울적해진다. 경쾌한 음악을 들어도 마음이 즐겁지 않고 혼자서는 적적해서 견딜 수가 없다. 새가 지저귀는 소리를 들어도 평안이 찾아오기는커녕 마음속 불안이 사라지지 않는다. 마치 어린아이가 무슨 일을 하든 엄마가 옆에 붙어 있지 않으면 마음이 불안하고 불만족스러워 심통을 부리는 심리와 비슷하다. 아무리 재미있는 놀이도 엄마 없이는 신이 나지 않는다.

허영심이 강한 사람은 어리광 욕구를 충족하지 못했기에 혼자서는 무엇을 하든 기분이 나지 않고 열정이 생기지 않는다. 예컨대 혼자 여행을 떠나면 우울감만 커질 뿐이다. 혼자서는 뭘 해도 신나지 않고, 혼자만의 삶을 즐길 수 없고, 혼자서는 아무것도 즐기지 못하는 딱한 사람인 셈이다.

## 혼자서 인생을 즐길 줄 아는 사람이 되면 허영심은 사라진다?

허영심이 강한 사람은 두세 살배기 아이와 다름없다. 이런 유의 사람이 어리광 욕구를 직접 충족하려 하지 않는 것은 그런 이유에서다. 그는 다른 사람이 자신을 부러워하게 만들거나 부러워해주기를 기다리며 간접적으로 충족하려고 한다.

허영심이 강한 사람은 우선 자신이 마음속 깊은 곳에서 무엇을 진정으로 원하는지 깨달아야 한다. 지금 하고 싶은 일이나 물건 따위를 말하는 게 아니다. 허영심은 마약과도 같아서 순간적인 욕구를 몇 가지 충족한다고 해서 채워지지 않는다.

그럼 어떻게 해야 할까? 허영심에서 비롯되는 욕구 자체를 없애야 한다.

마음 깊은 곳에 자리하고 있는 어리광 욕구를 자각해야 하고, 자신의 정서는 아직 두세 살배기 어린아이의 그것과 비슷하다는 점을 인정해야 한다. 자신이 자기중심적이고 이기적인 인간이라는 사실을 직시해야 한다. 유치한 욕구가 가면을 쓴 채 자신을 꼭두각시처럼 움직이는 현실을 똑바로 바라보고 받아들여야 한다.

진실을 깨닫고 받아들이면 희망이 싹트기 시작한다. 차츰 마음의 병을 고쳐야겠다는 생각이 들기 때문이다. 병의 원인을 알면 병을 고칠 수 있고, 문제의 원인을 알면 문제를 해결할 수 있다.

어리광 욕구를 가지고 있고 허영심 많은 사람에게 '혼자만의 시간을, 그리고 삶을 즐길 줄 아는 인간이 되자'라는 목표를 세우고 노력하길 권해주고 싶다. 그렇게 되면 멋진 풍광이 아니라 풀과 나무만 있는 평범한 풍경을 혼자서 바라보고 있어도 마음이 즐거울 수 있다. 혼자서 조용히 책을 읽어도 재미있는 영화를 보듯 흥미진진할 수 있다. 혼자 사색에 잠겨도 고독하기는커녕 시간 가는 줄 모르고 빠져들 수 있다. 그러니 무슨 일이든 혼자서 제대로 즐길 줄 아는 사람이 되겠다는 목표를 세워보라.

혼자 있는 시간을, 그리고 인생을 즐길 줄 알게 되면 많은 사람 가운데 홀로 있어도 기죽지 않고 당당해진다. 혼자 들판에 서 있어도 내 안에 뭔가 든든한 버팀목이 있는 것처럼 느껴진다. 혼자서 공부해도 콧노래가 나오고 능률이 오른다. 혼자서 커피를 마셔도 맛을 제대로 음미할 수 있고 마음의 평안을 찾을 수 있다. 이제부터라도 그런 사람이 되겠다는 목표를 세우고 구체적인 실행 계획을 세워보자.

혼자만의 시간을, 그리고 삶을 즐길 줄 아는 사람이 되면 얻을 수 있는 게 또 있다. 그것은 바로 '까칠한 사람'이라는 꼬리표를 뗄 수 있다는 점이다. 왜냐하면 주위 사람에게서 자신이 원하는 반응을 끌어내려고 신경을 곤두세우고 애쓸 필요가 없기 때문이다.

어린아이는 자신이 한 일에 주위 사람들이 과장되게 반응하고 감탄해주지 않으면 토라진다. 부모가 언제나 자기만 바라봐주고 관심을 기울여주고 보살펴주어야 비로소 만족한다.

일반적으로 '까칠한 사람'이라는 표현은 아이보다는 어른에게 사용한다. 그러나 어린아이를 같은 눈높이로 바라보면 이만큼 까칠한 사람도 없겠다 싶을 정도로 까다롭게 군다. 어쩌다 자기 자리에 다른 사람이 앉기라도 하면 입을 비죽이다 울고불고 떼를 쓰며 비키라고 소리를 지른다. 손위형제가 놀리느라 자기 행동을 따라 하기라도 하면 삐쳐서 말도 못 붙이게

한다. 자기 음료를 다른 사람이 마셔버리기라도 하면 고함을 지르고 발을 구르며 난리를 친다.

'까칠한 어른'이란 달리 표현하자면 어리광 욕구를 충족하지 못했다는 의미다. 그 욕구를 어린아이처럼 확실하게 표현할 수 없기에 주위 사람은 영문을 몰라 그 사람의 비위를 맞추려고 애를 쓰고 쩔쩔매게 된다.

## 이기주의가 인생을 불행하게 만들고 인간관계를 망친다

혼자서 무엇을 해도 마음이 즐겁다면 어리광 욕구가 사라졌다고 볼 수 있다. 혼자만의 삶을 즐길 수 있게 되고 비로소 온전한 어른이 된다. 혼자 사는 게 즐겁다고 느낄 수 있게 되고, 인간관계를 즐기며 다른 사람과 원활히 소통하고 원만히 협력하는 일을 할 수 있게 된다.

다른 사람이 자신에게 맞춰주기를 바라는 사람은 여럿이 힘을 합쳐서 해야 하는 공동 작업을 할 수 없다. 오냐오냐 받아주고 떠받들어주는 데 익숙해서 서로 대등한 인간으로 협력할 마음이 없기 때문이다. 또 그런 사람은 무슨 일이든 책임감을 느끼지 않을 뿐 아니라 주위 사람이 자신을 어떻게 생각하는지, 자신을 잘 챙겨주는지, 그리고 혹 자신을 힘들게 하지는 않는지 등에만 신경을 곤두세운다.

그런 유형의 사람은 그 사람이 있고, 그 사람과 함께 있어서 즐겁다기보다는 그 사람이 자신에게 무엇을 해줄 것인가에만 온통 마음이 가 있다. 흔히 '이기주의자'라고 불리는 사람이 정서적으로 미성숙한 것은 바로 이런 맥락에서다.

어린아이들은 하나같이 이기주의자다. 다만 아이들에게 이기주의적인 사고와 행동은 자연스러운 일이다. 그러나 어른이 되어서도 이기주의자로 사는 건 차원이 다른 일일 뿐 아니라 정상으로 볼 수도 없다. 왜냐하면 자연스러운 성장이 어느 순간 멈췄다는 증거로밖에 볼 수 없기 때문이다.

다른 사람과의 관계를 즐길 수 없기에 이해득실만 따지게 된다. 인간관계 자체가 즐겁다면 상대방이 자신에게 무엇을 해줄지를 따져 관계를 맺고 끊는 일은 없어야 한다.

이기주의자는 인간관계를 즐길 수도 만족할 수도 없다. 그런 사람의 삶은 당연히 즐겁지 않다. 삶이 즐거우면 사사건건 이해득실을 따질 필요가 없다. 인생이 즐겁지 않기에 우선 이해득실부터 따지고 든다. 관계에서 이득을 챙겨 자신의 충족되지 못한 어리광 욕구를 간접적으로 채우려고 애를 쓴다.

어떤 일에서 의미를 찾는다면 이기주의자는 어리광 욕구를 간접적으로나마 충족하는 데서 의미를 찾는다. 모든 일에 눈에 불을 켜고 손톱만큼도 손해 보지 않으려고 안간힘을 쓴다. 남들보다 조금이라도 더 많이 이득을 챙기려고 아귀다툼도 마다하지 않는다. 푸른 들판과 숲속을 거니는 일을 아무 의미도 없는 시간 낭비로 여긴다. 마음속 깊은 곳에 자리한 어리광 욕구를 충족해야 하는데, 상대방이 그 일에 보탬되지 않는다면 망설임 없이 쓸모없는 사람으로 간주한다.

이런 유형의 사람은 왜 승진이나 신분 상승을 위한 노력은 의미 있다고 여기면서 작은 새의 지저귐에서는 아무런 의미도 발견하지 못하는 걸까? 어리광 욕구를 간접적으로나마 충족하는 데 도움 되는 일과 도움 되지 않는 일로 모든 일을 판단하기 때문이다.

결과적으로 욕구 불만에 평생을 지배당하며 인생의 참된 묘미를 깨닫지 못하고 일생을 마치는 사람도 많다.

Counseling

03

# '착한 여자'가 되려 애쓰지 말고 '독립적인 여성'이 되려고 노력하라

상담자

"저만 보면 '여자가 고분고분하지 않다', '너무 쌀쌀맞다', '이기적이고 드세다'라고 비난하는 남자들 때문에 괴롭고 자존감도 낮아지는 기분입니다. 전 정말 착한 여자가 아닌가 봐요."

심리학자

"그런 말에 신경 쓸 필요 없습니다. '착한 여자'가 되려고 노력할 필요도 전혀 없고요. 당신을 착한 여자로 만들려는 남자들은 이기적이고 지질한 인간일 가능성이 큽니다. 결국 그들은 하나에서 열까지 당신이 자기 요구대로 해주지 않으면 '차가운 여자', '이기적이고 드센 여자'라는 꼬리표를 붙이고 맹비난하는 겁니다. 그런 남자들에게 당신의 인생이 송두리째 휘둘리게 두어서는 안 됩니다."

## 누가 그들에게
## '착한 여자 감별사 자격증'을 주었는가?

"저 사람은 항상 찬바람이 쌩쌩 불어."

"맞아, 진짜 냉정한 사람이야!"

우리 일상에서 흔히 오가는 대화다.

"그 사람, 늘 좀 삐딱하지 않니?"

"저 사람은 늘 자기 멋대로야!"

"넌 왜 항상 네 맘대로 하려고 하니?"

이처럼 우리는 이런저런 말로 다른 사람을 평가하고 비판한다.

"○○ 씨는 차가운 여자이군요!"

주위 남자에게 '차가운 여자'라는 말을 들은 여자는 자존감에 상처를 입는다.

'나는 차가운 여자다.'

'나는 착한 여자가 아니다. 나는 사람들에게 호감을 주지 못하는 사람이다.'

여자는 어쩌다 지나가는 소리처럼 들은 말을 떠올리며 곱씹어보곤 한다.

"여자가 말이야, 나긋나긋하고 고분고분한 맛이 있어야지. 그렇게 빳빳하게 굴어서 어디 제대로 시집이나 가겠어? 그러니까 여자로서의 매력이 떨어지는 거야!"

한심한 남자는 여자 앞에서 '당신을 위해 특별히 해주는 쓴소리'라는 식으로 무례하고도 불쾌한 평가를 남발한다. 이런 말은 당사자에게는 평생 지워지지 않는 아픈 기억이자 깊은 상처로 남는다.

문득 궁금해진다. 다른 사람을 '차갑다'거나 '고분고분하지 않다'거나 '애교가 없다'거나 '무뚝뚝하고 건방지다'고 말하는 사람은 대체 무엇을 근거로 그런 평가를 할까? 물론 사람마다 제각각 기준과 근거가 다르겠지만 아마도 대부분 앞에서 살펴본 '어리광 욕구'와 '허영심', '까칠함'과 '이기주의' 등을 근거로 그런 판단을 하지 않을까 싶다.

한번 가정해보자. A가 B에게 약간 억지를 부리며 뭔가를 요구했는데 B가 받아주지 않았다. 이때 A가 B에게 "세상 혼자 살아요? 다른 사람 말을 들을 줄 알아야죠"라고 말도 안 되는 반응을 보였다고 말이다.

A는 B를 어리광 욕구를 충족하지 못한 미성숙한 사람, 허영심이 많고 까칠하고 이기적인 사람으로 단정하며 대놓고

비판, 아니 비난하는 것이다. 그러나 이 상황에서 어리광 욕구가 내면에 가득한 성숙하지 못한 사람, 허영심이 가득하고 자기 자신만 생각한 이기적인 사람은 과연 누구일까? 그 사람은 바로 A에게 비난받는 B가 아닌 B를 비난하는 A다. A는 자기 눈의 들보는 보지 못하면서 뻔뻔하게도 남의 눈의 티끌을 문제 삼는 전형적인 '내로남불' 유형일 가능성이 크다.

## 야무지고 당차고 독립적인 기질을 가진 여자가 차갑고 드세고 이기적인 여자로 낙인찍히는 드라마틱한 순간

어리광 욕구를 충족하지 못해 욕구 불만으로 가득한 의존적 남자가 있다. 그가 마음에 드는 여자를 만나 연애를 시작한다고 해보자. 굳이 연애까지는 아니더라도 요즘 말로 '썸 타는' 수준이어도 충분하다. 상대방과 가까워질수록 이 남자는 차츰 본색을 드러낸다.

괜찮은 남자라고 생각해서 마음을 열었더니 어느 순간부터 말도 안 되는 억지를 부리기 시작한다. 그러면 여자 쪽에서는 당연히 마음이 닫히고 터무니없는 억지를 받아주지 않는다. 그러면 어리광 욕구와 의존성이 강한 이 남자는 '당신은 차가운 여자야'라며 트집을 잡는다. 이 남자는 하나에서 열까지 여자가 자기 요구대로 해주지 않으면 '이기적이고 드센 여자'라는 꼬리표를 붙이고 맹비난한다.

어쩌면 이 여자는 주위에서 '딱 부러진 사람', '야무진 사람'이라는 평판을 얻는 사람일 수도 있다. 어리광 욕구와 의존성이 강한 그 남자와 정반대 입장의 사람이 이 여자를 평가한다면 '드센 여자'가 아니라 '당찬 여자'가 될 가능성이 크다. 그러나 의존적인 남자는 '야무지고 당차며 독립적인 기질'을 가진 여자를 찬바람이 쌩쌩 도는 냉정한 사람으로 느끼기 십상이다.

가장 전형적인 예는 남자가 여자에게 육체관계를 요구하는 상황이다. 여자는 아직 상대방의 사랑을 믿지 못하므로 당연히 거부한다. 그러면 어리광 욕구와 의존성이 강한 그 남자는 '사나이의 뜨거운 사랑을 몰라주는 차갑고 이기적인 여자'라고 비난하며 관계를 끝내자고 얘기한다.

도대체 왜 남자의 입에서 '차갑다'라는 말이 나왔을까? 상대방 여자가 자신의 욕구를 만족시켜주는 행동을 하지 않았기 때문이다. 남자에게 '차갑다'라는 비난을 들은 여자는 제아무리 독립성과 당당함을 갖추었을지라도 쉽게 상처받을 수 있다. 게다가 만나는 남자마다 비슷비슷하게 '차가운 여자'라고 평하기 시작하면 자기도 모르는 사이에 '어쩌면 나는 정말로 차가운 여자인지도 몰라'라고 생각하게 된다. 그 여자가 '나는 그저 나 자신을 사랑하는 사람일 뿐이야'라는 혼잣말로 자신을 위로하며 소신을 지키는 것도 '나는 남자들의 욕망의 노예가 아니야'라는 생각으로 당당하게 살아가는 것도 말처럼 쉽지가 않다.

어리광 욕구와 의존성이 강한 남자는 상대방 여자가 자기 이외의 다른 사람을 어떻게 대하는지는 안중에도 없다. 그 여자가 아픈 사람이나 어르신에게 아무리 상냥하게 대하고 따뜻한 정을 베풀어도 그런 일에는 관심조차 없다. 그에게 중요한 것은 오로지 자신의 욕망을 채워주느냐 아니냐의 문제일 뿐이다.

그가 상대방 여자를 '차갑다'라고 평가하고 비난하는 데에는 오로지 자신의 욕망과 이익만이 기준이 될 뿐이다. 그러므로 설령 그 여자가 피 한 방울 섞이지 않은 낯선 어르신에게 아무리 친절하게 대해도 그 남자는 "너는 인정머리라고는 눈을 씻고 살펴도 찾아볼 수 없는 차갑고 매정한 여자야"라며 생트집을 잡고 비난한다.

'건방지다'라는 말이나 '고분고분하지 않다'라는 말도 마찬가지다. 자신의 요구에 따르고 곧바로 욕망을 채워주지 않으면 '건방진 여자', '매사에 고분고분하지 않은 여자'가 되어버리고 만다.

문제는 상대방 여자를 '차가운 여자', '드센 여자'라고 비난하는 남자는 절대로 상황을 객관적으로 파악하고 이해하려 하지 않는다는 점이다. 다시 말해 이 남자는 그 여자가 자신의 욕망을 해소해주지 않아 자신이 그녀에게 '드센 여자' 꼬리표를 붙였다는 생각은 꿈에도 하지 않는다. 그는 그저 모든 게 그 여자의 잘못이라고 믿으며 그녀를 탓하고 원망한다. 이런 유형의 관계가 열에 여덟아홉은 지저분하게 끝나는 것도 그래서다.

이쯤 되면 남자 쪽에서도 '쓸데없이 도도한 여자를 만나면 인생이 피곤해진다'라며 손을 털게 된다. 여자는 이런 일을 몇 번 겪고 나면 '나는 정말 차가운 여자인가 봐. 어쩌면 나는 착한 여자가 아닐지 몰라'라고 자신에게 화살을 돌린다. 그런 한편으로 그녀의 마음 한구석에서는 '남자'를 불신하는 마음이 싹튼다.

이렇듯 여자 쪽에서도 겨우 남자 몇 명 만나보고 '어차피 남자는 다 똑같아'라며 남성 일반에 불신을 품게 된다. 그렇다고 모든 여자가 남자를 불신하게 되는 것은 아니다. 각각의 여자에게는 저마다의 사연이 있게 마련이고 남성관도 제각각 다르다. 또 비슷한 사연을 가진 여자라고 해서 똑같이 남자를 불신하게 된다는 법도 없다.

남자를 불신하게 되는 여자 쪽에도 어느 정도 책임은 있다. 첫째, 그런 남자들이 비집고 들어올 틈을 내주었다는 점에서 그렇다. 둘째, 남자에 대한 불신에 쉽게 빠지는 여자 역시 어리광 욕구와 의존성이 강한 사람일 가능성이 크다. 그녀는 '남자들은 어차피 내 몸을 원할 뿐이잖아'라는 생각으로 상대방을 일단 불신한다. 그러나 그런 마음가짐으로는 남자가 자신에게 매력을 느낄 육체 이외의 다른 뭔가를 갖기 위해, 그리고 한 단계 더 나은 사람으로 성장해가기 위해 노력하기 어렵다.

이렇게 말하면 여자 입장에서 약간 가혹하게 여겨질지 모르겠지만, 그런 정도로밖에 남자의 눈에 비춰지지 않는다면 여자 역시 문제가 있다고 볼 수밖에 없다. 어쩌면 애초 어리광 욕구와 의존성이 강한 남자만 끌어들인다는 사실 자체가 이미 심리적으로 건강하지 못하다는 방증일 수 있다.

Counseling

04

# '나는 사랑받을 가치가 있는 존재다'라는 긍정적 자의식이 행복을 부른다

상담자

"아무도 저를 사랑하지 않는 것 같아요.
저도 사랑받을 가치가 있는 존재일까요?"

심리학자

"당연히 당신은 사랑받을 가치가 있는 존재입니다. 이 점을 기억하세요. '지금 내가 사람들에게 사랑받고 있는가?'보다 중요한 것은 '나는 사랑받을 가치가 있는 존재라고 느끼는가?'입니다. 두 번째 질문에 스스로 '그렇다'라고 대답할수록 당신은 좀 더 건강하고 행복한 삶을 살게 될 것이며, 실제로 '사랑받는' 존재가 될 것입니다."

## '사랑받는가'보다 '사랑받을 가치가 있는 존재라고 스스로 느끼는가'가 더 중요한 이유

나는 다른 사람에게 사랑받는 존재인가 아닌가? 바로 이 점에 인간 심리의 결정적 열쇠가 달려 있다고 말해도 지나치지 않다. 이렇게 말하면 약간 이상하게 들릴지 모르겠지만, 실제로 사랑받고 있는지 여부는 그리 중요하지 않다. 그럼 뭐가 중요할까? 그보다는 자기 자신이 사랑받는 존재라고 느끼는지가 훨씬 중요하다. 다시 말해 '나는 사랑받을 가치가 있는 존재인가 아닌가'보다 '나는 나 자신이 사랑받을 가치가 있는 존재라고 느끼는가 그렇지 않은가'가 한 사람 평생의 행복과 불행을 좌우한다. 왜냐하면 한 사람의 행복지수는 자기 자신과 자신의 인생에 대한 만족 정도에 달려 있는데, 그 역시 자신이 충분히 사랑받을 만한 가치가 있는 사람이며 사랑받고 있다고 느끼는지에 달려 있기 때문이다.

그렇다면 어떤 사람이 자신이 사랑받을 가치가 있는 존재라고 느끼는가? 예컨대 어린 시절 정서적으로 따뜻하면서도 인격적으로 성숙한 어른에게 둘러싸여 자란 사람이 그렇다. 반면 정서적으로 냉랭하고 인격적으로 미성숙한 어른 손에서 자란 사람은 '나는 사랑받을 가치가 없는 사람이야'라고 느낄 수밖에 없다. 뿌리를 파고들어가 보면 자신감과 자존감도 어린 시절 자기 자신이 충분히 사랑받을 만한 가치가 있는 존재라고 느끼는가 아닌가에 달려 있다. 나는 부모가 자녀에게 주는 메시지를 비교 분석하는 일을 통해 많은 깨달음을 얻었다.

"너는 우리가 애타게 기다려왔던 바로 그 아이야! 엄마와 아빠는 세상에서 너를 제일 사랑한단다!"

어려서부터 일상적으로 이런 긍정적인 메시지를 들으며 자란 사람이 있다고 하자.

"너를 바란 사람은 아무도 없었어. 어쩌다 실수로 태어난 거지."

반대로 이런 부정적인 메시지를 귀에 못이 박이듯 듣고 자란 사람도 있다.

어린 시절부터 '얼마든지 여기 있어도 괜찮아! 네겐 여기에 있을 정당한 권리가 있단다. 너에겐 자격이 충분해! 누구도 네가 여기 있는 걸 문제 삼지 않고 문제 삼을 수도 없어'라는 메시지를 듣고 자란 사람도 있다. 반대로 '넌 여기 있을 자격이 없어. 그러니까 착하게 굴지 않으면 네가 있을 자리를 빼앗아버릴 거야. 여기 계속 있고 싶다면 사람들 마음에 들도록 착하게 말하고 행동하도록 노력하란 말이야'라는 메시지를 듣고 자란 사람도 있다.

"You have a right to be here!"

교류분석(transactional analysis) 관련 책을 읽다 보면 자주 나오는 문장이다.

자신의 존재를 충분히 인정받으며 귀하게 자란 아이와 꿔다놓은 보릿자루처럼 존재 자체를 무시당하거나 천덕꾸러기 취급을 받으며 자란 아이는 어른이 되어서 다른 사람을 대하는 태도 면에서 하늘과 땅 만큼이나 차이가 난다. 사랑받고 자란 아이는 어른이 되어서 어디에 있어도 늘 당당하게 처신한다. 낯선 사람을 대할 때도 당당한 모습을 유지할 수 있다.

## 사랑받고 존중받으며 자란 사람은 자기방어의 필요를 느끼지 않는다

안타깝게도 어린 시절 가정에서 충분히 사랑받지 못하고 자란 사람은 누군가 낯선 사람을 대할 때 무의식중에 굽히고 들어가 습관적으로 아첨하는 경향이 있다. 자신의 존재를 인정받지 못하고 천덕꾸러기처럼 자란 사람은 어디에서 무엇을 하든 어찌 해야 할지 몰라 쩔쩔매며 적극적으로 나서려 하지 않는다.

부모나 가족에게 사랑받고 존중받으며 자란 사람은 어디에서 무엇을 하든 적극적으로 말하고 행동한다. 누구를 만나도 주눅 들지 않고 당당하다. 또 어떤 일을 만나도 회피하거나 미루지 않고 과감히 도전하는 태도를 보인다. 무슨 일이 있으면 '어디 한번 해볼까'라거나 '재미있어 보이네. 까짓거, 한번 해보지 뭐'라고 생각하며 팔을 걷어붙이고 대범하게 나선다.

그런 용기와 대범함은 어디서 나올까? 무엇보다 실패를 두려워하지 않는 마음에서 비롯된다. 실패하면 자칫 다른 사람에게 실망감을 주고 배척당하지 않을까 걱정할 필요가 없기 때문이다. 설령 실패한다 해도 자신은 밀려나지 않을 것이며 자신의 자리는 안전하다고 느끼기 때문이다. 사랑과 존중을 받고 자란 사람은 실패를 피해 자신을 방어할 필요가 없다. 그러므로 이런 유형의 사람에게는 실패하면 내쳐질지 모른다는 두려움 자체가 없다.

이런 유형의 사람의 생활 반경은 자연스럽게 넓어진다. 그는 다양한 일을 경험한다. 이런저런 사람을 일상적으로 만난다. 자신에게 그때그때 주어지는 기회를 놓치지 않고 열심히 붙잡고 부지런히 활용한다.

어린 시절 뭔가 새로운 일을 할 때 격려를 받으며 시작한 사람이 있다고 해보자. 그와는 반대로 뭔가 새로운 일에 도전할 때마다 "왜 그런 일을 하려고 하니? 위험하잖아! 다치면 어쩌려고 그래"라며 오만상을 찌푸린 얼굴로 꾸중을 들은 사람도 있다.

어려서 무슨 일을 하든 충분히 격려받고 필요한 도움도 받으며 그 일을 한 사람이 있다. 그와는 반대로 새로운 일을 하려고 할 때마다 '왜 쓸데없는 일을 자꾸 벌이냐'며 핀잔을 들은 사람도 있다.

격려와 도움을 받은 사람은 어른이 되어서도 자신을 표현할 기회가 있으면 스스럼없이 나서서 적극적으로 기회를 잡고 활용한다. 그 과정에서 그 사람의 능력은 점점 더 꽃을 피운다.

"너는 언제든 새로운 일을 시작해도 좋아! 마음을 다해 응원해주고 필요하면 기꺼이 도와줄게."

어려서부터 격려의 메시지를 듣고 자란 사람은 어떤 식으로든 자신을 표현할 기회가 생기면 뒤로 빼지 않는다. 반면 긍정적인 격려의 메시지를 듣지 못하고 자란 사람은 자신을 표현할 기회가 주어져도 주춤거리며 몸을 사리기만 한다.

왜 그럴까? 자신감이 없기 때문이다. 자신감이 없는 사람은 있는 그대로의 자신이 다른 사람에게 사랑받을 가치가 없다고 느낀다. 그래서 새로운 기회를 눈앞에 두고도 손을 내밀어 잡지 못하고 뒷걸음친다.

부끄러움은 자기방어 본능에서 나온다. '굳이 나서서 일을 벌여 한심한 꼬락서니를 만천하에 드러내고 망신을 당해야 직성이 풀리겠어?'라는 내면의 목소리가 자주 들려온다. '나에게는 남들에게 보여줄 수 없는 못난 모습이 있다'라는 사고방식 자체가 정상이 아니다. '있는 그대로의 내 모습을 보여주어도 괜찮아'라는 메시지를 어려서부터 듣고 자란 사람은 그렇게 생각하지 않는다.

어려서 무슨 일을 하다가 잘 안 풀리는 바람에 웃음거리가 되거나, 놀림을 받거나, 좀 더 심하게는 치명적인 실수나 실패로 망신을 당하면 자신을 내보이는 게 위험하다는 생각이 내면에 싹튼다. 그런 터라 자꾸 수줍음을 타고, 아무리 많은 기회가 주어져도 도전해볼 용기를 내지 못하고 손사래 치며 마다하다 보니 생활 반경은 차츰 좁아진다. 생활 반경이 좁아지면 우물 안 개구리처럼 매사를 바라보는 시야도 점점 좁아진다.

Counseling

05

# 부정적 '남의 눈'에서 벗어나 긍정적 '나의 눈'으로 자신을 보기 시작하라

상담자

"다른 사람의 '시선'이 늘 두렵습니다. 뭔가 새로운 도전을 하고 싶어도 실수할까 봐 두렵고, 내 실수를 못마땅한 눈초리로 바라볼 시선이 두렵습니다."

심리학자

"그런 두려움을 갖게 된 건 어린 시절 당신이 어쩌다 실수한 그 순간, 하필 우연히 옆에 있던 한 어른의 못마땅한 시선 때문일 가능성이 큽니다.
그 '시선'을 떨쳐내버리고, 당신의 긍정적인 시선으로 자신을 바라보세요."

## 새가 알을 깨고 넓은 세상을 만나듯 좁고 익숙한 자기 세계를 깨고 넓은 세계로 나아가라

어른이 되어서도 무슨 일이든 과감히 도전하지 못하고 제 발로 찾아오는 기회마저 슬금슬금 피하며 수동적으로 살아가는 사람이 있다고 해보자. 그는 어쩌다 그런 삶의 태도를 갖게 되었을까? 어린 시절부터 비슷한 상황에 맞닥뜨릴 때마다 온갖 예기치 않은 문제가 끊이지 않았기 때문일 가능성이 크다. 이런 사람은 어른이 된 후에도 어린 시절 겪은 실패 경험을 끝도 없이 되풀이하게 될 확률이 높다. 자신을 좁고 익숙한 세계에 억지로 꿰어 맞추려 하고 새로운 넓은 세계를 만나면 쓰나미처럼 밀려오는 불안감에 어찌할 바를 모르는 무능력한 인간이 되고 만다.

어려서부터 뭔가 새로운 일을 하려고 할 때마다 번번이 문제를 일으키는 사람이 있다고 해보자. 그가 어른이 되면 어느 날 갑자기 새로운 일을 할 마음이 생길까? 열에 여덟아홉은 그렇지 않을 가능성이 크다. 안타깝게도 그는 절대로 실패할

리 없는, 익숙하고 좁다란 세계에 자신을 가두어둔 채 무기력하게 살아간다.

그 비좁은 세계는 비록 답답하지만 그로서는 가장 안심할 수 있는 세계다. 그러나 그 세계에만 갇혀 있으면 자신의 가능성을 스스로 죽이고 만다. 내면에 있는 커다란 잠재력을 제대로 한번 펼쳐보지도, 새로운 인생을 경험하지도 못한 채 인생을 마치게 된다.

실패하면 부끄러운 게 당연하다. 이는 누구나 아는 사실이다. 나도 수줍음이 많은 성격이라 창피한 일은 하고 싶지 않다는 마음을 누구 못지않게 잘 이해한다. 그러나 어린 시절 실패한 경험, 주위 사람의 놀림으로 생긴 마음의 상처로 평생을 불행하게 살 수는 없지 않은가. 내 모습을 보고 한심하다고 손가락질하며 비웃는 사람은 분명히 이 세상에 있다. 그러나 그 순간을 다른 사람이 보았더라면 오히려 '잘했다'라고 등 두드리며 칭찬해주었을지도 모를 일이다. 괜히 트집을 잡거나 핀잔을 주지 않고 힘내서 다시 한번 도전해보라며 격려해주었을 수도 있다.

어린 시절 당신이 어쩌다 실수한 그 순간, 하필 우연히 옆에 있던 한 어른의 못마땅한 눈초리를 한평생 가슴속에 품고 살 이유가 어디에 있겠는가. 우리가 소중히 여기고 아끼고 보듬어야 할 대상은 이 세상에 차고도 넘친다. 그런데 안타깝게도 자신에게 해가 되는 독을 마치 보물단지라도 되는 듯 소중히 간직하고 사는 꼴이다. 부끄럼쟁이가 지금 소중히 마음속에 간직한 그 보물이 알고 보면 가장 먼저 버려야 할 허섭스레기였던 셈이다.

## 부모가 자녀에게 주는 가장 끔찍하고 파괴적인 메시지, '넌 태어나지 말았어야 해!'

당신은 불행하게도 어려서 자신의 존재를 비웃었던 사람의 시선을 내면 깊숙이 간직하고 살았다. 당신은 항상 그 사람의 눈으로 자신의 존재를 바라보았다. 그래서 자신은 다른 사람에게 사랑받을 가치가 없는 한심한 존재라고 여기며 비하했다. 그렇게 자기 자신을 다른 사람에게 민폐만 끼치는 짐짝 같은 존재라고 생각하다 보니 차츰 다른 사람들도 당신을 뭔가 이상한 사람이라고 불편하게 느끼기 시작했다.

어린아이의 실수를 비웃고 책망하고 조롱하는 사람들에게 당신의 한 번뿐인 소중한 인생을 지배당하도록 내버려 둘 셈인가? 그 올무와도 같은 '지배'에서 벗어나는 일은 당신이 생각하는 것보다 어렵지 않다. '싫다'라는 단호한 말 한마디면 놀라운 변화가 일어나기 시작한다. 당신을 옭아매고 있던 올

무가 벗어지고 끊어지기 시작한다.

우리는 내면에 자신을 보는 '새로운 눈'을 길러야 한다. 새로운 눈은 언제나 자기 존재를 긍정하고 격려하는 따스한 눈이다. 항상 자신에게 용기를 불어넣어주는 치어리더 같은 눈이다. 늘 자신을 존경하는 마음을 담아 바라보는 애제자 같은 눈이다. 그리고 자기 자신도 얼마든지 남들에게 사랑받을 가치가 있음을 일깨워주는 정신과 의사 같은 눈이다.

생각해보면 당신에게 사랑받을 구석이 부족했던 게 아니다. 당신이라는 사람에게 사랑스러운 점이 얼마나 많은데, 마땅히 사랑받아야 할 존재임을 알아보는 눈이 부족했을 뿐이다.

어린 시절 주위에 있던 어른이 무력감에 빠져 있었다고 해보자. 그런 어른은 아이의 약점과 실수, 실패를 감싸주고 잘 극복할 수 있도록 돕는 게 아니라 공격하고 비웃는다. 무력감에 허우적대는 부모가 자녀를 대하는 방식도 이와 크게 다르지 않다. 그들은 자녀의 약점을 지적하고 공격하는 일을 통해 자신의 무력감에서 벗어나려고 한다.

교류분석 전문가들은 부모가 자녀에게 주는 가장 파괴적인 메시지 중 하나로 '넌 태어나지 말았어야 해(Don't be)'라는 메시지를 꼽는다. 예를 들어 "너만 없으면 아빠랑 당장 이혼할 텐데"라는 식의 말을 놀랍게도 아무렇지도 않게 입 밖으로 내뱉는 부모가 있다. 이런 말을 들은 아이는 자신이 다른 사람에게 불행만 주는 불필요하고 무익하며 심지어 해로운 존재라고 느끼게 될 위험성이 크다.

이 '넌 태어나지 말았어야 해' 메시지가 갖는 위력은 무시무시하다. 교류분석의 권위자인 뮤리얼 제임스(Muriel James)는 『행복한 사람이 되기에 절대로 늦지 않았다(It's never too late to be happy)』라는 책에 다음과 같이 썼다.

> The most common responses to "Don't be" are passivity and depression.

'넌 태어나지 말았어야 해'라는 메시지를 들으며 자란 아이는 수동적이고 우울한 사람이 될 수밖에 없다. 나는 이 '넌 태어나지 말았어야 해' 못지않게, 아니 어떤 의미에서는 더 무섭고 끔찍한 것이 '네 존재는 비웃음의 대상이다'라는 메시지라고 믿는다.

'나라는 존재는 존중받을 가치가 없다. 아니, 다른 사람에게 조롱당하고 경멸받아 마땅하다.' 이런 식으로 자신을 비난하고 비하하는 사람은 어른이 되면 수동적이고 우울한 성향으로 불행한 삶을 살아갈 위험성이 크다. 나는 다른 사람에게 손가락질당해 마땅한 사람이라고 생각하는 사람이 어떻게 용기 있고 도전적인 인생을 살 수 있겠는가.

## 비웃음 당한 것이 문제가 아니라
## 당신을 비웃은 인간의 '눈'을 떨쳐내지 못한 것이 문제다

자기 존재가 남들에게 비웃음당해 마땅하다는 생각이 머릿속에 돌처럼 박힌 사람은 수동적인 태도가 마치 오래 입어 몸에 잘 맞는 옷처럼 편하게 느껴진다. 새로운 일을 하거나 스스로 뭔가를 시작하려고 하면 망설여지고 마음이 괴롭다. 그저 시키는 대로, 흘러가는 대로 살아가는 삶이 안전하고 편하다. 이런 사람에게는 능동적으로 사는 삶이 피곤하고 고달프게만 느껴진다.

어려서부터 남들에게 자신의 약점을 지적당하며 자란 사람은 매사에 수동적이며 무조건 참고 견디는 생활이 익숙하고 편안하다. 그러나 인생은 수동적으로 참고 견디는 수도자의 고행의 시간 같은 것이 아니다. 우리 인생은 도전과 성취에 따라오는 짜릿한 흥분과 쾌감으로 채워져야 한다.

냉철히 생각해보자. 당신이 아무리 큰 실수와 잘못을 저질렀다 해도, 아무리 참담한 실패를 했다 해도 모든 사람이 당신을 비웃고 조롱하지 않는다. 그저 약간 운이 나빠서 그 순간에 하필 정서적으로 미성숙한 인간이 당신 가까이에 있었고, 비열하게도 그가 당신의 약점을 들추어내며 조롱하고 놀렸을 뿐이다.

당신이 비웃음 당했다는 게 문제는 아니다. 진짜 문제는 우연히 당신을 비웃은 한 인간의 '눈'을 떨쳐내지 못하고 오랫동안 당신 안에 간직한 채 살아왔다는 데 있다.

왜 그 사람과 같은 부정적인 눈으로 당신 자신을 바라보아야 할까? 얼마든지 좀 더 긍정적인 눈으로, 좀 더 따스한 눈빛으로 자신을 바라볼 수 있지 않을까! 실제로 이 세상에는 비록 어린 시절 불행한 일을 당했고, 그로 인해 자신을 부정적인 눈으로 바라보게 되기 쉬운 환경에 놓여 있었음에도 긍정적인 눈으로 자신을 바라보며 능동적으로 자기 인생을 좀 더 나은 방향으로 이끌어가는 사람도 많다. 자신의 내면에서 마치 광물덩이 안에 박혀 있는 보석 성분을 찾아내듯 '강인함'을 찾아내는 사람도 많다. 그런데 왜 당신은 그런 사람들처럼 긍정적으로 자신을 바라보고 능동적으로 인생을 살아갈 수 없다고 단정 짓고 가능성을 차단해버리는가?

내면이 건강하고 굳건한 사람은 다른 이의 약점이나 잘못을 들추어내어 놀리거나 비웃지 않는다. 그런 사람의 눈으로 자기 자신을, 다른 사람을 그리고 세상을 보려고 노력해야 한다. 그런 사람의 사고로 상황을 판단하고 좀 더 나은 방향으로 상황을 바꾸려고 노력해야 한다.

수줍음 많고, 수동적이고, 마음속 한구석에서 벌벌 떠는 가엾은 아이를 품고 사는 사람은 불행하게도 자신을 부정적인 눈으로 바라보는 사람의 눈을 내면에 간직하고 사는 사람이다. 자신의 존재를 부정당해 마땅한 사람은 없다. 그저 자기 존재를 조롱하고 부정하는 사람의 눈으로 자신을 보는 데 익숙해졌을 따름이다.

인생을 활기차게 사는 첫걸음은 자신을 긍정해주는 사람의 눈으로 자기 자신을 바라보기 시작하는, 인식 전환의 순간이다. 시각을 바꾸면 좀 더 활기찬 인생을 살 수 있고 좀 더 행복한 인생을 살아갈 자격이 있는 사람이 될 수 있다.

'나는 멋진 인생을 누릴 가치가 있는 사람이다!' 이 생각으로 당신의 하루에 시동을 걸고, 용기라는 액셀러레이터를 밟으며 삶의 여행을 시작해야 한다. 당신은 특별히 노력하지 않아도, 그저 지금 그대로의 모습으로 멋진 인생을 살아갈 자격이 충분한 사람이다. 그러나 만약 지금까지 그래왔던 것처럼 당신이 '나는 멋진 인생을 살 자격이 없는 사람이야'라고 생각한다면, 인생은 당신 생각대로 굴러갈 것이다. 당신은 절대로 멋진 인생을 살 수 없을 것이고, 늘 위축된 자세로 초라하고 비루한 삶을 견디며 살아가게 될 것이다. 그런 삶을 살고 싶은가?

지금 가만히 당신의 내면에서 들려오는 목소리에 귀를 기울여보자. 그리고 자기 자신을 어떻게 생각하는가에 집중해보자. 자기 자신을 긍정적인 눈으로 바라볼지 부정적인 눈으로 바라볼지 결정해야 한다.

'나는 멋진 인생을 살 자격이 없는 사람이야'라는 부정적인 사고방식을 거부하는 일부터 시작해보자. 그게 당신이 새롭게 내디뎌야 할 첫걸음이다. 그 한마디가 독립 선언이다. 나이가 들어 부모에게서 벗어나 혼자 살게 되었다고 해서 그것만으로 독립적인 어른이 되었다고 볼 수는 없다. 경제적인 자립 또한 완전한 독립의 가장 중요한 요건은 아니다. 부모가 자신에게 심어준 부정적인 메시지가 더는 발붙일 곳이 없게 만들겠다는 결심이야말로 진정한 독립 선언이다.

다른 사람이 당신에게 주입한 부정적인 메시지를 거부하고 자기 자신에게 긍정적인 메시지를 들려주자. 긍정의 씨앗을 마음밭에 심어주자. 그 씨앗이 싹터 나무로 자라게 하자. 그 나무가 긍정의 꽃을 피우게 하자. 입술의 열매를, 태도와 행동의 열매를 맺게 하자. 어린 시절부터 당신의 생각을 옭아매고 인생의 걸림돌이 된 그 부정적인 메시지를 계속 받아들일지 단호히 거부할지, 그것이 바로 당신 인생의 두 번째 출발선이다.

Counseling

06

# 당신이 자신에게 '여기 있을 권리'를 허락하지 않으면 누구도 허락해주지 않는다

상담자

"왠지 모르게 다른 사람과 함께 있으면 마음이 불편하고,
무슨 핑계를 대서라도 서둘러 자리를 떠나게 됩니다.
사람들과 함께 있는 시간을 즐기려면
어떻게 해야 할까요?"

심리학자

"어린 시절, '여긴 네 자리야.
네겐 여기에 있을 권리가 있어'라는 메시지를 듣지
못하고 천덕꾸러기 취급을 받으며 자랐기 때문일
겁니다. 당신 자신에게 자주 이렇게 말해주세요.
'여기가 내 자리야. 난 여기에 있을 권리가 있어.'"

## 늘 '가면'을 쓰고 '내가 아닌 나'로 살아가는 사람이 절대 행복할 수 없는 까닭

어린 시절, 나의 부모님은 당신들의 마음에 드는 아이로 나를 끊임없이 바꾸려고 했다. 어른이 된 후 나는 누군가를 만나면 항상 그의 마음에 들고자 나 자신을 바꾸려고 애를 썼다. 그럴수록 내 안의 나는 어디론가 사라져버리고 나도 모르는 사이에 '내가 아닌 나'로 채워졌다. 언젠가부터 다른 사람을 만날 때면 나는 늘 '가면'을 쓰기 시작했다.

'다른 사람의 마음에 들려면 내 안의 무언가를 숨겨야 한다'라고 믿고 평생 동안 살아온 사람이 있다고 해보자. 문득 이런 의문이 든다. '왜 다른 사람의 마음에 들어야 하는 거지?' 아마도 다른 사람 마음에 들지 않고 내쳐지면 살아가기가 어렵다고 생각하기 때문일 것이다. 이런 사람은 자기 자신을 믿지 못한다.

다른 사람의 마음에 들기 위해 다른 사람인 척하는 사람과 다른 사람이 자신의 존재를 있는 그대로 바라보고 인정하게 하려고 노력하는 사람은 비슷한 삶을 살게 될까? 아니다. 그들은 전혀 다른 삶을 살게 될 가능성이 크다. 다른 사람인 척하는 사람은 그런 생활이 길어질수록 자신의 본모습을 잃고 자신이 어떤 사람인지조차 헷갈릴 수 있다. 그렇다고 자신이 '척한' 그 모습도 자신의 것이 아니기에 결국 정체성을 상실한 모호한 존재가 되고 만다. 그런 사람은 인생을 성공적으로 꾸려갈 수도 행복의 순간으로 채워갈 수도 없다. 반대로 자신의 본모습을 잃지 않으려 애쓰며 진정한 '나'로 살아가고자 고민하고 노력하는 사람은 언제 어디서나 당당하게 자기 인생을 주도적으로 이끌면서 성공적인 삶, 행복한 인생을 살게 될 것이다.

다른 사람에게 인정받으려고 자신을 바꾸어 그에게 맞추려 노력하는 일은 그 자체로 어리석기 그지없는 일이다. 그러면 그럴수록 자기 자신이 더욱더 못 미더워질 수밖에 없기 때문이다. 또 자신에 대한 믿음이 없는 사람이 인생을 성공적으로 살아가기도 행복으로 이끌어가기도 어렵기 때문이다. 다른 사람의 마음에 들고자 아무리 자신을 속이며 애를 써도 결국 원하는 것은 마치 손 안의 연기처럼 손을 펼치는 순간 사라지고 만다.

당당하게 다른 사람과 만나 어울리고 다양한 일에 도전하며 누구 못지않게 멋진 인생을 살고 싶은가? 그렇다면 '다른 누구도 내 단점을 트집 잡아 나를 공격하거나 곤란하게 하지 않는다'라는 새로운 마음가짐으로 살아가기를 바란다. 바로 이 지점이 당신이 새롭게 살고자 하는 인생의 또 하나의 출발선이 되어야 한다.

## 자존감을 무너뜨리고 인생을 망가뜨리는 내면의 메시지, "여긴 네 자리가 아니야. 넌 여기 있을 권리가 없어!"

"너랑 함께 있어서 행복해! 네가 엄마 곁에 있어주어서 고마워!"

갓난아기 시절부터 이런 긍정적인 메시지를 반복적으로 들려주는 어머니 손에 자란 사람이 있다고 해보자. 그는 성장해서 다른 사람을 대할 때 자신감을 가지고 당당하게 만나 소통할 수 있다. 굳이 다른 사람의 마음에 들려고 자신을 속이고 애써 자신을 꾸미거나 '척할' 필요가 없다.

그와 반대로 툭하면 별다른 이유 없이 짜증을 내거나 소리를 지르고, 사소한 일에도 크게 질책하는 어머니 손에 자란 아이가 있다고 해보자. 이 아이는 어른이 되어서도 자신을 긍정하는 메시지를 곧이곧대로 듣지 못하고 부정적인 메시지로 비틀어 해석해 받아들이기 쉽다. 그렇게 되면 상대방과 원활히 소통하기도, 좋은 관계를 맺기도 어려워진다. 상대방이 그런 태도를 간파하지 못할 리 없고 좋게 받아들일 까닭이 없기 때문이다.

아이는 어른이 되어 다른 사람을 만날 때면 마음이 불안해진다. '내가 말이나 행동을 잘못해서 이 사람을 불쾌하게 하는 건 아닐까?' 이런 걱정으로 노심초사하고 불안감이 점점 커져 견딜 수가 없다. 자신의 의도와 관계없이 마음속에 조바심이 일어나 다른 사람을 불안하게 만든다.

'그 사람과 함께 있었더니 마음이 자꾸 불편해지는군!' 이런 생각은 왜 생길까? 그것은 '내 존재가 다른 사람에게 불쾌감을 준다'라고 마음 한구석에서 결론을 내렸기 때문이다.

다른 사람에게 거부당하면 누구나 기가 죽는다. 그리고 크게 상처받는다. 마음 한구석에서 '내 존재가 다른 사람에게 거부당했다'라고 느끼기 때문이다. 그야말로 자신의 무의식이 현실에서 이루어지며 상처받게 되는 것이다. 반대로 '내 존재가 다른 사람에게 유쾌함을 준다'라고 믿는 사람이라면 한두 번 거절당했다고 해서 그다지 상처받지도 우울해지지도 않는다. 이는 똑같이 바이러스가 몸속에 침투해도 면역력이 약한 사람은 독감에 걸려 고생하지만 면역력이 강한 사람은 독감에 걸리지 않고 건강한 것과 마찬가지다.

앞에서 말했듯 어린 시절 '네가 내 곁에 있어서 너무도 행복해!'라는 메시지를 반복해 들려주는 어머니 손에 자란 아이라면 어른이 되어서도 자존감이 높고 자신감을 잃지 않을 것이다. '다른 사람들은 나와 같이 있는 시간을 즐거워한다'라고 생각하지 못하는 사람은 실제로 다른 사람과 함께 있는 시간이 많아질수록 자존감이 낮아지고 자신감이 사라져서 그런 자리를 피하려고 할 것이다.

또 반대로 다른 사람이 자신을 피한다고 생각하면 마음속 상처가 더욱더 깊어진다. 실제로 다른 사람이 자신을 피하지 않았는데 일종의 피해망상에 사로잡혀 '저 사람이 지금 나를 피하는구나'라고 단정 짓는다. 그저 급한 볼일이 있어서 자리에서 일어났는데도 자신과 같이 있기 싫어서 그러는 거라고 제멋대로 판단한다. 게다가 한 술 더 떠서 '저 사람은 내가 자신과 같이 있을 가치가 없는 사람이라고 생각하는 게 틀림없어'라고까지 확대해석한다.

어려서부터 '여긴 네 자리야! 네겐 여기에 있을 권리가 있어!'라는 메시지를 반복해 듣고 자란 사람과 '여긴 네 자리가 아니야! 걸리적거리지 말고 저리 꺼져버려!'라는 메시지를 듣고 자란 사람은 다를 수밖에 없다. 예컨대 다른 사람의 집에 초대받았을 때, 다른 사람의 회사를 방문했을 때, 업무회의를 하려고 만났을 때 두 사람은 마음가짐이 완전히 다를 수밖에 없다.

한 사람은 당당하게 다른 사람과 함께 있는 시간을 즐기고, 다른 한 사람은 특별한 용무 없는 한 되도록 다른 사람과 어울리지 않으려고 한다. 어쩌다 어쩔 수 없이 다른 사람을 만나더라도 볼일이 끝나면 잽싸게 헤어지려고 한다. 왜 그럴까? '나는 여기에 있을 가치가 없는 사람이야! 난 여기 있을 자격이 없어'라는 느낌을 떨쳐낼 수 없기 때문이다. 다른 사람과 같이 있는 동안 내내 '나는 이 사람과 같이 있을 가치가 없는 사람이야'라고 느낀다면 어떻게 마음이 편안할 수 있겠는가.

## 부모가 자녀에게 들려주어야 할 단 하나의 메시지, "넌 여기에 있을 권리가 있어!"

"여기가 네 자리야. 넌 여기에 있을 권리가 있어."

교류분석학자 패멀라 레빈(Pamela Levin)은 아이가 생후 6개월 정도 되었을 때부터 이 메시지를 반복해 들려주는 게 중요하다고 말한다.

그 나이 즈음에 이 메시지를 듣지 못하면 아이는 심리적 안정감을 얻을 수 없다. 이런 아이는 어른이 되어 누구를 만나도 길게 사귀거나 교류하지 못하고 빨리 헤어질 궁리만 한다.

이 메시지를 듣지 못하면 끊임없이 자신이 여기 있는 게 다른 사람들에게 민폐가 되지나 않을까 걱정한다.

당신의 집에 손님이 찾아와 잠시 시간을 보내다가 돌아가려고 한다고 해보자. 당신은 예의상 한두 번쯤 좀 더 계시다 가라고 권할 것이다. 그런데 상대방은 가지 말라고 붙잡아도 서둘러 자리에서 일어나는 게 바람직하다고 생각하는 것 같다. 이유가 뭘까? 뭔가 바쁜 일이 있어서 그럴 수도 있겠지만, 어쩌면 그의 마음속에 '나는 다른 사람에게 사랑받을 가치가 없는 사람이야'라는 생각과 두려움이 도사리고 있기 때문은 아닐까? 당신 또한 크게 다르지 않다. 정말로 상대방이 좀 더 머물러주었으면 해서 권한 게 아니라 그야말로 예의상 권한 것일 수 있다. 상대방과 마찬가지로 당신의 내면에도 '나는 다른 사람에게 사랑받을 가치가 없는 사람이야'라는 생각이 똬리를 틀고 있는 건 아닐까?

마음속으로 '나는 다른 사람에게 폐를 끼치는 존재다'라고 생각하는 사람은 다른 사람이 조금이라도 싫은 기색을 보이면 크게 상처받는다. 그리고 그런 상황을 피하기 위해 지나치게 정중해지고 조심하게 된다. 그 과정에 다양한 사회적 규칙 비슷한 게 만들어지고, 사람 사이에 보이지 않는 투명한 '막' 같은 게 생겨난다.

이렇게 만들어진 사회적 규칙에 따라 "다음에 또 들러주세요"라고 상대방에게 마음에 없는 말을 한다. 그리고 그 말을 들은 사람은 예의상 사양한다. 피차 같이 있는 시간이 즐겁지 않고 어려서부터 긍정적인 메시지를 받지 못했기 때문이다.

어려서부터 "여기가 네 자리야. 넌 여기에 있을 권리가 있어."라는 메시지를 듣고 자랐다면 어디서든 자신감을 가질 수 있고, 서로 지나치게 신경 쓰며 마음에도 없는 '배려'를 하느라 애쓸 필요가 없다. 서로의 말과 행동에 촉각을 곤두세우며 일일이 상처받을 필요도 없다.

서로 상처받지 않으면 모든 일이 단순해진다. 상대방의 말을 있는 그대로 받아들일 수 있다. 상대방의 말과 행동에 상처받지 않으려고 매사에 살얼음판 위를 걷듯 조심할 필요도 없다. 방어적으로 상대방을 앞질러 비난할 필요도 없어진다.

Counseling

07

# 당신이 자신을 낮게 평가하면 다른 사람도 당신을 낮게 평가한다

상담자

"사람들과 함께하는 시간이 편안하지 않고, '나는 사람들에게 환영받지 못하는 사람이야'라는 생각 때문에 더욱더 위축됩니다. 좀 더 나은 인간관계를 위해 어떻게 해야 할까요?"

심리학자

"다른 사람의 '마음 급소'를 자극하지 않는 사람을 만나라고 권해주고 싶군요. 자존감이 높고 자신감이 넘치는 사람이 그런 유형 중 하나입니다. 그런 사람은 마음이 편하므로 다른 사람을 만날 때도 편하게 대하고, 다른 사람의 약점을 들추는 일 따위에는 관심조차 없습니다."

## ‘나는 다른 사람에게 사랑받을 가치가 있는 사람이다’라는 말로 자신에게 암시를 걸어라

자기 자신을 낮게 평가하는 사람은 쉽게 상처받는다. ‘자기를 낮게 평가한다’는 말은 어떤 의미일까? ‘나는 다른 사람에게 사랑받을 가치가 없다’라는 확고한 생각을 가졌다는 뜻이다. 이런 유형의 사람이 자신을 낮게 평가하는 이유는 어려서부터 “여기가 네 자리야”라는 메시지나 “네가 함께 있어서 너무 행복해!”라는 메시지를 듣고 자라지 못했기 때문이다.

당신은 혹시 어른이 되어서 다른 사람과 함께 있으면 이상하리만치 마음이 불편하고 볼일을 마치면 일 분 일 초라도 서둘러 그 자리에서 일어나야 할 것만 같은 조바심이 드는가? 만일 그렇다면 ‘나는 어린 시절 자신감을 갖는 데 필요한 긍정적 메시지를 들으며 자라지 못했기 때문이다’라는 문장을 일단 머릿속에 넣어두기 바란다. 내가 불편하게 느낀다고 해서 상대방도 반드시 그렇게 느낀다는 법은 없다. 일단 자신을 차분히 타일러야 한다.

당신 자신이 다른 사람과 같이 있을 가치가 없는 사람이 아니라 단지 당신 혼자 그렇게 생각하고 있을 뿐이라는 사실을 명확히 깨닫는 것이 자신감을 갖기 위한 첫걸음이다.

“혼자 있으면 마음이 홀가분해져”라고 말하는 사람을 종종 본다. 사실 누구에게나 그런 면은 있다. 그러나 다른 사람과 함께 있을 때 자신감이 떨어지는 사람일수록 혼자 있는 시간이 편해진다.

이런 유형의 사람은 어려서 “네가 내 곁에 있어서 나는 행복해.”나 “넌 여기에 있을 권리가 있어.”와 같은 단순한 긍정 메시지를 부모에게 듣지 못해 다른 사람과 함께 있으면 자신감이 떨어진다. 그러므로 ‘나는 다른 사람에게 사랑받을 가치가 있는 사람이다’라고 반복적으로 읊조리며 자신에게 암시를 걸어야 한다. 다른 사람에게 무작정 맞춘다고 없던 자신감이 생기는 게 아니다.

또 자신이 상대방에게 뭔가 특별한 일을 해주지 않으면 ‘나는 상대방과 같이 있을 가치가 없다’라고 마음속으로 생각하기도 한다. 문제는 자신이 상대방에게 뭔가를 해주는데도 자신감이 생기지 않는다는 점이다. 아니, 자신감이 생기기는커녕 있던 자신감도 차츰 사라진다.

상대방에게 뭔가를 해주지 않아도 그가 당신과 함께 있고 싶어 한다고 믿어야 한다. 실제로 그런 경우가 적지 않다. 대인관계에 불안을 느끼는 사람, 광장이나 거리에 나서는 상황을 두려워하듯 사람을 두려워하는 사람은 아무래도 그 사실을 잘 깨닫지 못한다.

상대방이 분명 자신을 좋아하는데도 그 사실을 전혀 받아들이지 못하는 사람도 있다. 어린 시절의 메시지는 그만큼 중요하고 무겁다.

좋아한다는 말을 들어도 문제다. 이 경우 십중팔구 그 호의를 잃지 않으려고 애를 쓴다. 상대방에게 지나칠 정도로 헌신하거나 충성을 맹세하기도 한다. 특정한 사람에게 절대적인 충성을 바치는 사람의 유형 역시 마음 한구석에서 '나는 다른 사람에게 사랑받을 가치가 없는 사람이야'라고 느끼고 있을 수 있다.

## 매사에 자신감 있는 사람은
## 다른 사람의 '마음 급소'를 자극하지 않는다

'나는 사람들에게 환영받지 못하는 사람이다'라는 자의식은 비극이다. 이런 식의 마음가짐이 일단 마음속에 똬리를 틀면 마치 새로 난 길에 이정표를 세우기라도 한 듯 그 마음가짐을 굳히는 방향으로 말하고 행동한다.

특정한 사람에게 맹목적인 충성을 바치기도 하고, 다른 사람에게 호감을 얻고자 자신을 바꾸려 노력하기도 하고, 명예나 재산으로 자신의 겉모습을 꾸미려 애쓰기도 한다. 또 그러는 사이 틈틈이 자신을 비하하고 때로 다른 사람에게 헌신하기도 한다.

여기서 한 가지 알아두어야 할 중요한 사실이 있다. 그것은 바로 '나는 사람들에게 환영받지 못하는 사람이다'라는 자의식을 일깨워주는 유형의 사람과 그렇지 않은 사람이 있다는 사실이다.

어떤 사람은 함께 있는 동안 '나는 환영받지 못하는 사람이야'라는 생각을 콕콕 찌르며 자극한다. 그런데 다른 어떤 사람과 있으면 입 안의 가시처럼 신경 쓰이던 부정적인 생각이 희한하게도 걸리적거리지 않는다. 그러므로 마음속으로 '나는 다른 사람들에게 환영받지 못하는 사람이야'라는 자의식을 가진 사람은 마음의 급소를 자극하지 않는 사람과 어울려야 한다.

다른 사람의 '마음 급소'를 자극하지 않는 유형의 사람은 어떤 사람일까? 자존감이 높고 자신감이 충만한 사람이다. 매사에 자신감 있는 사람은 마음이 편안하므로 다른 사람을 대할 때도 편안한 태도를 유지할 뿐 아니라 다른 사람의 약점을 들추는 일 따위에는 관심 자체가 없다. 그러므로 마음속으로

'나는 사람들에게 환영받지 못하는 사람이야'라고 생각하는 사람은 마음속으로 '나는 환영받는 사람이야'라고 믿는 사람과 좀 더 많은 접점을 만들려고 노력해야 한다.

마음속으로 '나는 환영받는 사람이야'라고 믿는 사람은 우월감이나 허영심이 없다. 인간은 자신감이 없으면 허세를 부리게 마련이다. 자신감이 없는 사람이 자신감을 가지려고 할 때마다 번번이 실패하는 이유는 뭘까? 그것은 바로 마음가짐을 바꾸지 않고 그대로 둔 채 자신감만 북돋우려고 하기 때문이다.

모래 위에 집을 지으려고 하면 무너질 수밖에 없다. 기반을 다지고 터를 닦는 작업도 하지 않은 채 그럴듯한 집을 세우고 외관만 번드르르하게 단장하는 꼴이다. 이런 집은 기초가 약하기에 조금만 충격을 받아도 쉽게 파손되거나 무너진다. 반대로 토대가 튼튼한 집은 설령 외벽의 칠이 살짝 벗겨질지언정 쉽게 파손되지도 무너지지도 않는다. 자신감이 없는 사람은 우선 마음가짐을 다져 토대를 튼튼히 하는 일부터 시작해야 한다.

자신감이 부족한 사람은 자신감 있는 사람과 교류하겠다고 마음먹는 일부터 시작하라고 조언해주고 싶다. 끼리끼리 어울린다고, 자신감 없는 사람은 마치 자석처럼 자신감 없는 사람을 끌어들인다. 이러니 자신감이 향상될 리가 없다. 엎친

데 덮친 격으로 자신감은 점점 더 바닥을 치고 자신감 있는 사람들 앞에서 더욱더 주눅이 든다.

## 자신감 없는 사람은 왜 자기와 같은 유형의 사람을 경멸하는 사람에게 끌릴까?

자신감 없는 사람은 특정한 사람과 접점을 만들어 자신과 동일시함으로써 허세를 갑옷처럼 온몸에 둘러 무장하는 경향이 있다. 외모에 자신감이 없는 사람은 잘생긴 이성에게 끌린다. 잘생긴 사람과 만나거나 친구가 되거나 애인이 되어 자신감이 없어 생기는 공허함을 메우려 한다.

하필 그 잘생긴 사람이 자신감 없는 사람이라면 낭패를 겪을 수 있다. 외모는 그럴 듯한데 마음속으로 '나는 환영받지 못하는 사람이야'라고 생각하는 사람은 자신의 잘난 외모를 무기 삼아 허세를 부리고 거들먹거리게 되기 쉽기 때문이다.

이런 유형의 사람은 자신감이 없으면서 외모로만 자신을 내세우려 하다 보니 시도 때도 없이 허세를 부린다. 그는 외모가 잘나지 못한 사람을 경멸한다. 외모가 추한 사람을 조롱하는 방식으로 자신을 지키려 한다. 이런 사람을 만나면 외모에 자신감이 없는 사람은 크게 상처받는다. 마음속에 있는

'나는 환영받지 못하는 사람이야'라는 급소가 자극당하면 가뜩이나 부족한 자신감마저 증발해버리고 이내 바닥을 드러낸다. 그는 잘생긴 사람을 사랑하는 방식으로 마음의 상처를 보듬으려 애쓴다.

자신감이 없는 사람은 신기하게도 자신과 같은 유형의 사람을 경멸하는 사람과 인간관계를 맺는 경향이 있다. 나이를 먹어서 자신감을 상실한 어르신은 주위의 노인을 '냄새나는 뒷방 늙은이'라고 비웃고 경멸하는 젊은이와 친하다며 자랑스럽게 떠벌린다.

마음속으로는 실제 자신을 경멸하면서 그 실제 자신과 같은 유형의 사람을 경멸하는 사람에게 끌린다. 예컨대, 마음속으로 '나는 머리가 나빠'라고 생각하는 사람이 있다고 해보자. 그는 어떻게 행동해야 할까? '나는 머리가 나쁘다'라는 자의식에서 먼저 눈을 돌려야 한다. 반복적으로 '나는 머리가 좋다'라고 믿어야 한다. 실제로는 자신이 바라는 만큼 머리가 좋지 않다는 사실을 인정하기가 어렵다. 그런 사람은 머리 나쁜 사람을 경멸하는 사람과 어울린다. 희한하게도 그런 사람에게 끌린다.

자신을 경멸하는 사람과 어울리다 보면 점점 더 자신을 경멸하게 된다. 이런 유형의 사람은 머리 나쁜 사람을 경멸하는 사람을 최대한 피하고 멀리해야 한다.

Hello
my
friends!
F
i
R

CHAPTER

# 02

# 자기감정의 가장 친한 친구가 돼라

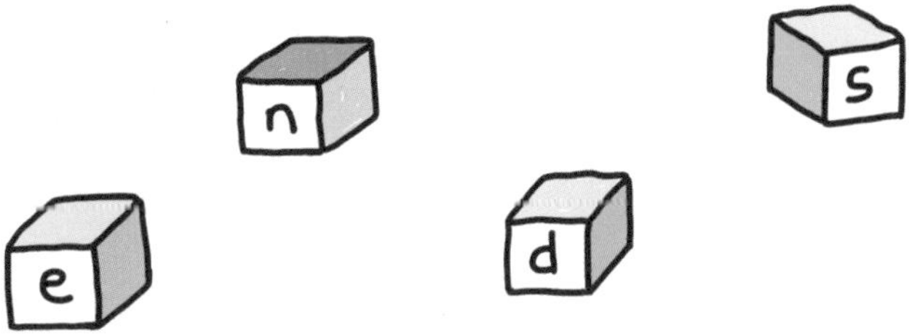

Counseling

08

# 세상을 살아가는 진정한 힘은 '자기긍정'에서 나온다

상담자

"제겐 자기비하하는 안 좋은 습관이 있습니다. 문제는 저의 이런 모습을 스스로 끔찍이 싫어하는데, 이상하게도 저처럼 자기비하하는 사람과 어울리게 됩니다. 그러다 보면 우울감이 깊어지고 삶의 의욕도 떨어지죠. 어떻게 하면 이런 딜레마에서 벗어날 수 있을까요?"

심리학자

"자신감이 부족하고 자기비하하는 습관을 가진 사람일수록 자존감이 높은 사람과 교류하려고 노력해야 합니다. 그런 시간이 많아질수록 당신의 자존감은 커지고 자기비하하는 습관은 줄어들 것입니다."

## 자신감을 상실한 사람이 점점 더 자신을 비하하는 방향으로 나아가는 까닭은?

마조히즘(masochism) 하면 머릿속에 무슨 단어가 제일 먼저 떠오르는가? 아마도 많은 사람이 '변태 성욕'이라는 단어를 떠올릴 것이다. 이 단어는 일반적으로 '육체관계'를 의미하는 용어로 사용되지만 심리적 의미에서도 세밀히 살펴볼 만하다.

예를 들어 앞에서 언급한 대로 당신이 자신감 없는 사람이라면 무심코 자신을 경멸하는 사람에게 끌릴 가능성이 있다. 이렇게 말하면 다음과 같이 반박하고 싶은 사람이 있을지 모르겠다. 자신을 무시하고 구박하는 사람에게 끌리는 멍청한 사람이 어디 있겠느냐고. 그런 마음도 이해하지만 자세히 살펴보면 꼭 그렇지만도 않는다는 걸 알 수 있다. 이는 나의 개인적 경험으로도 어느 정도 확인되는 사실이다. 개인적으로, 자신감이 없던 시절 나의 지인관계를 분석해보니 내게도 다분히 피학적 성향이 있었기 때문이다.

심리학에서 전문가들이 사용하는 용어 중 반동형성(reaction

formation, 억압된 반사회적 충동을 무의식적으로 정반대 방향으로 돌려버리는 방어기제)이라는 것이 있다. 가령 마음속에 적대감이 억눌려 있을 경우 극단적으로 개방적인 태도나 비굴할 만큼 정중한 태도로 일관하는 식이다. 상대방을 혐오하는 감정이 억압받고 있으면 반대로 간이라도 빼줄 것처럼 극진한 호의를 보이기도 하는데, 이러한 행동양식을 '반동형성'이라고 부른다.

이 모든 행동은 자기 자신을 위한 방어기제다. 물론 내가 심리적 마조히즘이라고 부르는 상태가 방어기제로 작동하는 반동형성과 같은 것은 아니다. 다만 인간은 언뜻 볼 때 이해하기 힘든 행동을 하는 복잡한 생물이라는 점을 설명하고 싶을 뿐이다.

자신을 무시하는 사람에게 끌리는 상황이 이해되는가? 아무래도 자신감 없는 사람은 불나방처럼 제 발로 불쾌한 경험 속으로 날아드는 습성이 있는 모양이다. 어쩌면 그래야 비로소 안심이 되는지도 모르겠다.

자기단죄는 자신에게 가치를 부여하는 최후 수단으로 그 심리를 어느 정도 이해할 수는 있다. 이것은 대인관계에서 가치를 부여하는 최후 수단인 자기단죄, 즉 자책을 실현하는 일인 셈이다.

자신감을 상실한 사람은 점점 더 자신을 비하하는 방향으로 나아간다. 이런 일은 당연히 그에게 유쾌한 경험이 될 수 없다. 묘하게도 그는 다른 사람을 무시하는 사람과 일부러 관계를 맺어 오히려 자신의 가치를 높이려고 애를 쓴다. 불쾌감을 느끼면서도 이상하게 그 사람과 만나면 왠지 자신의 가치가 높아진 것만 같은 착각에 빠지곤 하기 때문이다.

인간은 자신에게 실망하면 자기 자신이든 다른 사람이든 누군가를 비난해야 직성이 풀리는 존재다. 흥미롭게도 자책하는 습관이 몸에 밴 우울증 환자는 일반인보다 피학적인 꿈을 자주 꾼다고 한다.

## 우울증을 앓는 사람은 자기비하를 통해 자신의 가치를 높이려 한다?

미국 정신요법 전문가 롤로 메이(Rollo May)는 『자아를 잃어버린 현대인(Man's Search for Himself)』에서 자기단죄 개념을 명쾌하게 분석했다.

> 자기단죄는 대용으로 가치감을 얻는 가장 손쉬운 방법이다. 비록 전부는 아니어도 가치감을 상당 부분 상실한 사람은 일반적으로 강력한 자기단죄 욕구를 품고 있다. 즉, 자책은 무가치감과 굴욕감에서 비롯되는 괴로움을 해소하는 가장 쉬운 방법이다.

롤로 메이만 자기단죄 개념을 언급한 것은 아니다. 예를 들면 네이선 라이츠(Nathan Leites)는 책 『우울증과 마조히즘 — 그 메커니즘에 관한 기록(Depression and Masochism–An Account of Mechanisms)』에서 동일한 분석을 했다. 그는 우울증을 앓는 사람은 자기 자신을 비하함으로써 자신의 가치를 높이려 한다고 주장했다.

하지만 롤로 메이와 네이선 라이츠 모두 자기단죄를 그 사람 개인의 말과 행동에만 국한해 해석한다는 점은 조금 아쉽다. 나는 롤로 메이의 자기비하 개념을 대인관계로 확장해 적용하고 싶다. 롤로 메이는 『자아를 잃어버린 현대인』에서 다음과 같이 말했다.

> 자아존중 대신 자기비하를 가하는 심리는 고독과 무가치 감각이라는 문제에 무방비로 정면충돌하지 않기 위한 회피에 해당한다.

인간은 참으로 불가사의한 동물이다. 다른 동물에게는 인간처럼 오묘한 심리가 없다. 나는 인간과 동물을 구별하는 가장 두드러진 특징을 이 불가사의한 심리에서 찾을 수 있다고 본다.

롤로 메이의 말을 대인관계에도 적용할 수 있다. 즉, 자신을 무가치하게 여기는 감각에 괴로워하는 사람은 자신을 존중할 줄 아는 사람이 아니라 자신을 경멸하고 비하하는 사람과 자주 얽힌다.

자기 자신을 무가치하게 여기는 사람은 자신을 포함해 다른 사람을 경멸하고 비난하는 사람에게 매력을 느낀다. 이상하게도 다른 사람을 무시하는 교만하고 건방진 사람에게 끌리는 것이다. 여기서 한발 더 나아가 자신을 무가치하게 여기는데다 의존적 성향까지 가진 사람은 외부의 힘으로 자신을 긍정하려 안간힘을 쓴다. 이는 오만한 사람과 어울림으로써 자신에게 가치를 부여하려 한다는 의미다.

독일에서 미국으로 귀화한 정신분석학자 에리히 프롬(Erich Fromm)은 『자유로부터의 도피(Escape from Freedom)』에서 비슷한 신경 증상을 언급한다. 이 책에서 그는 최악의 적조차 떠올리지 못할 정도의 극심한 자기비난과 자기비판에 빠진 사람도 있다고 지적한다.

자기 자신을 무가치하게 여기는 사람은 오만한 사람과 일체감을 느끼며 자신의 마음속에 남아 있는 자아불안감을 해소하고 안도감을 얻으려 한다. 마조히즘과 사디즘이 육체적으로 공존하듯 오만한 사람과 자기비하가 심한 사람은 심리적으로 공생관계를 맺고 있다. 그 관계를 바탕으로 그들은 서로 심리적 안정을 얻는다.

사실 오만한 사람도 혼자서는 살아갈 수 없으며 다른 사람을 필요로 한다. 자기비하에 빠진 사람 역시 누군가에게 의존하고 싶어 한다. 이처럼 양쪽 모두 혼자서는 자아통일성을 유지하지 못한다.

에리히 프롬은 『자유로부터의 도피』에서 사디즘과 마조히즘은 심리학적으로 하나의 근본 욕구에서 비롯된다고 말한다. 그 하나의 근본 욕구란 고독을 견디지 못하는 심리, 자신의 약점에서 도망치려는 마음을 말한다.

### "자신을 경멸하는 사람은 거만한 사람과 가장 가깝다"라는 스피노자가 남긴 말의 의미

마조히즘과 사디즘 분석에서 드러난 현상은 자기비하와 오만함을 통해서도 나타난다. 롤로 메이는 『자아를 잃어버린 현대인』에서 과도한 자기단죄는 내면에 숨은 오만함을 가장하기 위한 위장 전술의 일종이라고 말한다. 여기에 그는 네덜란드 철학자 바뤼흐 스피노자(Baruch Spinoza)가 남긴 "자신을 경멸하는 사람은 거만한 사람과 가장 가깝다"라는 말을 인용했다.

마조히즘과 마찬가지로 자기비난 역시 고독과 공허로 인해 밀려드는 아픔에서 도망치는 방법이다. 이제 자신감 없는 사람이 다른 사람을 경멸하는 사람에게 더욱더 끌리는 심리가 어느 정도 이해가 가지 않는가.

자신감이 부족한 사람일수록 다른 사람과 자신을 존중하는 사람과 교류해야 한다. 그런데 도리어 자신감이 없을수록 자신을 경멸하는 사람과 엮이고 만다.

물론 속으로는 그 사람을 만나면 불쾌해진다. 불쾌한데도 이상하게 자꾸 만나는 자신을 발견한다. 뭔가 이상한 힘이 작용해 마음이 가고, 그 사람을 반갑게 맞아들이는 것이다.

결국 자신감 없는 사람은 사디즘과 마조히즘, 오만함과 자기비난이 공생하는 복잡한 심리적 메커니즘을 이해하고 이 같은 상태에 빠지지 않도록 쉼 없이 노력해야 한다.

Counseling

09

# 감정을 억압하지 말고 감정과 친구가 돼라

상담자

"평소 저는 다른 사람과 함께 있을 때 제 감정을 숨기고 다른 사람의 감정에 맞추려는 자신을 발견합니다. 그러다 보면 진짜 제 감정이 무엇인지 잘 모르는 것처럼 느껴질 때가 많습니다."

심리학자

"어린 시절부터 당신의 솔직한 감정을 표현하기보다 부모나 주위 어른의 감정을 살피며 거기에 맞추도록 강요받았기 때문일 수 있습니다. 그로 인해 그들의 감정에 맞추지 않고 당신의 감정을 솔직히 표현하면 그들이 당신을 좋아하지 않을 뿐 아니라 떠날지 모른다는 두려움을 느꼈기 때문일 겁니다."

## 자기 내면에서 일어나는 감정에 자신을 맡기고 그 감정과 일체화하려고 노력하라

사람들은 대부분 가까운 친구와 연인 앞에서는 방어기제를 풀고 안심한다. 곧 방어기제를 작동할 필요가 없는 사람이 진정한 친구이자 연인인 셈이다.

방어적 태도는 어떤 상황에서 나타날까? 상대방이나 당신 자신에게 어떤 원인이 있을 때 주로 나타난다. 가령 당신이 사람을 믿지 않거나 상대방이 속으로 적대감을 억누르고 있을 가능성이 크다.

당신이 기본적으로 사람을 믿지 못한다면 상대방이 당신을 아무리 사랑해도 그 사랑을 믿지 못하고 온전히 받아들이지 못한다. 그래서 처음에는 상대방에게 잘 보이려 애쓰고 자기 약점을 그에게 숨기려고 한다. 상대방이 자신의 약점을 비난하지 않을까, 자신의 결점에 실망하지 않을까 노심초사하며 불안감에 사로잡힌 사람은 방어적 태도를 보일 수밖에 없다. 안타깝게도 그는 전혀 방어적일 필요가 없는 상황에서도 방어 태세를 취한다.

그중에서도 특히 신경질적인 사람은 상대방이 자신의 결점을 포함한 모든 것을 진정으로 사랑한다는 사실을 도무지 깨닫질 못한다. 아니, 그는 머리로는 인정하면서도 가슴으로는 도통 믿으려 하지 않는다. 그러나 다행스럽게도 상대방은 자신의 결점을 잘 알지만 그것 때문에 실망해서 떠나지 않는다. 그런데도 그는 상대방이 실망해서 떠날까 봐 불안해서 어쩔 줄 몰라 하며 방어적인 태도를 취한다.

심지어 상대방이 “내 앞에서는 걱정하지 말고 그저 편하게 있어도 돼”라고 말해주어도 걱정을 내려놓지 못한다. 더구나 무엇을 걱정하는지 알지도 못한 채 그저 걱정이 태산이다.

이런 사람은 진정한 우정이나 사랑을 얻지 못하는 원인이 자기 자신에게 있음을 먼저 깨달아야 한다. 진정한 우정과 사랑은 편안한 마음으로 자신에게 충실하면서 있는 그대로의 본모습을 자연스럽게 내보일 때 비로소 얻을 수 있다.

자기 내면에서 일어나는 감정에 자신을 맡기고 그 감정과 일체화하려고 노력해보라. 그렇게 될 때 비로소 우정과 사랑이 싹트기 시작한다. 끊임없이 내면에서 솟아나는 자연스러운 감정을 두려워하면 마음이 위축될 수밖에 없다.

자아실현을 추구하는 인간관계는 비록 육체적으로는 지쳐도 심리적으로는 활기찬 법이다. 육체의 피로는 그다지 문제

될 것이 없다. 밤새워 일하고 난 뒤 친구를 만나면 너무도 피곤해서 자신도 모르게 미간을 찌푸리며 인상을 쓰게 될 수도 있다. 하지만 아무리 몸이 피곤해도 허물없는 친구와 함께 있으면 마음은 즐겁다.

친한 사람과 함께 있을 때 마음이 편안해지는 이유는 뭘까? 자기 안에서 자연스럽게 솟아나는 감정 흐름에 몸을 안정적으로 맡기기 때문이다. 반대로 상대방을 두려워하면 자연스러운 감정 흐름을 가로막는 의식이 생긴다. 자신의 감정 흐름이 상대방의 불쾌감을 자극하지나 않을까 겁을 내기 때문이다.

상대방이 자신에게 뭔가 커다란 요구를 할 때도 막연한 두려움이 생긴다. 또한 실제는 그렇지 않으나 상대방이 자신에게 뭔가 큰 기대를 하고 있다고 착각하는 경우에 두려움이 밀려온다.

## "당신이 느끼는 대로 느끼세요.<br>그래도 나는 당신을 떠나지 않아요"

다음 상황을 가정해보자. 당신이 B라는 사람과 함께 있는데, 문득 A가 대단하다는 생각이 들어 자연스럽게 A를 칭찬하며 감탄한다. 그때 하필 B가 신경질적인 사람이라 상대방에게 끊임없이 칭찬을 기대하며 예민하게 군다면 당연히 B는 A를 칭찬하는 당신에게 불쾌감을 느낄 것이다. 왜냐하면 B는 A가 아니라 당신 앞에 있는 자신을 칭찬하며 감탄해주길 바라기 때문이다.

B처럼 열등감이 강한 사람은 자신을 떠받들어주기를 바라며 자기 이외의 다른 사람을 칭찬할 경우 불쾌감을 드러낸다. 마땅히 칭찬받아야 할 사람을 칭찬해도 대놓고 불쾌감을 표하기도 한다.

내 아버지는 아들인 나와 함께 있을 때 내가 다른 사람을 칭찬하면 금세 심기가 불편해져 노골적으로 못마땅한 티를 내곤 했다. 그런 아버지를 보며 나는 다른 사람에게 느끼는 존경심을 용의주도하게 억압하는 기술을 갈고닦아야 했다. 아버지에게 깊이 의존했던 나는 아버지의 기대를 저버려서는 안 된다는 심리적 부담감을 안고 살았다. 아버지를 제외한 다른 모든 사람을 경멸하고 아버지의 신경질적 존경심에 상처를 주지 않는 사람만 칭찬하려 애쓰는 방식으로 내가 대응한 것은 그런 맥락에서였다.

결국 아버지와 함께 있을 때 자연스러운 내 감정을 따르는 것이 불가능하다는 걸 깨달았다. 이후 나는 자연스러운 내 감정을 번번이 억눌러야 했다.

감정 억압은 어떤 상황에서 생길까? 무엇보다 상대방이 신경질적인데, 자신이 그 사람에게 의존해야 하는 상황에서 일어난다. 이런 관계에서는 상대방의 요구가 점차 커질 수밖에 없다. 이를테면 '네겐 네가 느끼는 대로 느낄 권리가 없어. 내가 느끼는 대로 느끼고 내가 바라는 대로 바라야 해'라는 식의 요구다. 이때 상대방에게 심리적으로 의존한다면 그 요구를 받아들일 수밖에 없다.

당신이 만일 상대방에게 심리적으로 지나치게 의존하지 않는다면 상대방의 부당한 요구를 언제든 단호히 거절할 수 있다. 반면 심리적으로 그에게 의존할 경우 그의 요구가 아무리 부당하다 여겨도 어쩔 수 없이 따를 수밖에 없다. 그런 일이 반복되다 보면 차츰 '내가 느끼는 대로 느껴서는 안 돼'라며 자기감정을 억압하게 된다. 그런 기울어진 관계에 놓인 당신은 상대방에게 거부당하면 어쩌나 하는 마음에 걱정이 앞서기 때문이다.

문제는 어른이 되어 다양한 사람을 만날 때도 어린 시절과 비슷한 반응을 보인다는 데 있다. 성장한 뒤 자기 앞에 있는 사람이 "당신이 느끼는 대로 느끼세요. 그래도 나는 당신을 떠나지 않아요"라고 아무리 힘주어 말해도 '내가 느끼는 대로 느끼면 상대방에게 거부당하고 버림받을 거야'라고 믿으면 아무 소용이 없다.

## 친밀한 관계에서
## 해방감을 느끼는 이유는?

다른 사람을 만날 때 자신의 감정을 억압하면 한시도 마음이 편안하지 않다. 자신의 내면에서 생겨나는 자연스러운 감정을 매 순간 눈에 불을 켜고 감시해야 하기 때문이다. 이를테면 '이 감정이 상대방의 심기를 불편하게 하지는 않을까' 걱정하며 잠시도 쉬지 않고 확인해야 한다.

사람이 친밀한 관계에서 해방감을 느끼는 이유는 뭘까? 무엇보다 자연스러운 감정 흐름에 몸을 맡길 수 있기 때문이다. 일테면 이런 식이다. '자연스러운 감정 흐름에 몸을 맡겨도 상대방은 나를 받아들인다. 그러니 괜찮다!'

마음속으로 감정을 억압하지 않으면 심리적 해방이 이루어진다. 심리적 해방감을 느끼는 관계라야 진정한 유대관계를 이어갈 수 있다. '그는 내가 해방되기를 바란다'라고 느끼는 순간 마음과 마음이 하나로 이어진다.

Counseling

10

# '자기감정'에 충실할수록 인간관계는 원만해지고 인생은 자유로워진다

상담자

"제게 끊임없이 뭔가를 요구하는 상대방에게
어떻게 대응해야 할까요?"

심리학자

"상대방의 부당하거나 무리한 요구에
단호히 '아니오, 싫어요'라고 말할 수 있어야 합니다.
진정한 신뢰관계가 형성돼 있다면
당신의 대답 때문에 관계가 깨지지 않습니다.
당신의 '아니오, 싫어요'라는 대답으로 인해
깨질 관계라면 더 유지할 가치가 없습니다."

## 거짓 감정은
## 거짓 인간관계를 만드는 밑거름이 된다

나는 어린 시절부터 신경질적 인간관계로 인해 많은 괴로움을 겪었다. 그 과정에서 다른 사람들이 나의 감정이 물 흐르듯 자연스럽게 흐르도록 내버려두지 않는다는 걸 깨닫고 나는 충격을 받았다. 그들은 자신이 느끼는 대로 내가 느끼기를 원했고, 자신의 감정이 흐르는 방향으로 내 감정도 흐르기를 바랐다. 어려서부터 나는 원만한 인간관계를 유지하기 위해 내 감정을 일상적으로 억압해왔다. 즉 상대방이 지금 내가 화내기를 기대하는지 혹은 슬퍼하기를 기대하는지 골똘히 생각한 뒤 그가 원한다고 생각하는 감정을 느끼려고 애를 썼다.

오랜 세월 나는 상대방이 내게 기대하는 감정을 내면에서 만들어내는 어리석은 훈련을 했다. 그것은 모조리 거짓 감정이었다.

상대방이 내가 기뻐하기를 기대한다고 생각하면 나는 곧바로 기뻐하는 시늉을 했다. 오랫동안 나는 무척 예민하고 신경질적인 사람들에 둘러싸여 살았다. 신경질적인 사람은 거의 예외 없이 다른 사람의 감정에 지나칠 정도로 많은 것을 기대한다.

성장하면서 나는 이런저런 경험을 했고 내 인간관계는 차츰 달라졌다. 놀랍게도 내 안에서 자연스럽게 솟아나는 감정에 몸을 맡겨도 아무 문제가 없었다. 아니, 그러면 그럴수록 인간관계가 더욱더 좋아진다는 사실에 나는 경악했다.

자기감정을 억누르고 짐짓 아닌 척하는 인간관계는 언뜻 좋아 보이지만 실은 아무런 유대관계 없이 표면적인 것에 지나지 않는다. 이렇게 맺은 인간관계는 점점 더 위장 강도를 높이고 좀 더 정교한 가면을 쓰기를 요구한다. 그처럼 거짓된 인간관계에 몸을 맡길 경우 어느새 '나'는 내가 아니게 된다.

상대방에게 '아니오'라고 말할 수 있는 사이가 진정한 인간관계다. 상대방이 하는 말에 단호히 거절할 수 있는 관계에는 진정한 신뢰가 형성되어 있기 때문이다. 그런 의미에서 자아실현에 충실한 인간관계는 서로 마음이 활짝 열려 있는 무방비 상태에 가깝다.

아무리 사랑하는 사람일지라도 그 사람이 하는 일 중에는 내가 싫어하는 일도 있게 마련이다. 이제 막 사랑을 시작해 상대방에게 푹 빠져 있는 시기라면 눈에 콩깍지가 껴서 보이지 않을 수도 있다. 열병처럼 사랑앓이를 할 때는 상대방이 하는 일이 무엇이든 사랑스러워 보일 수 있다. 하지만 콩깍지가 눈을 가리는 시기는 지나가게 마련이다.

어느 순간 콩깍지가 떨어져 나가는 게 정상이다. 색안경이 벗겨지는 것은 자연스러운 흐름이다. 그런 순간이 찾아와도 아직 열병에 시달리는 시기처럼 무엇이든 마음에 든다는 시늉을 할 필요는 없다.

그런 시늉을 해야 겨우 유지할 수 있는 사랑이라면 오래 지속되기 어려울 뿐 아니라 그저 마음과 마음을 하나로 잇는 방법을 잊어버린 허울뿐인 남녀관계에 불과하다.

## 상대방에게 '아니오'라고 말할 수 있을 때 좋은 관계가 형성된다

아무리 상대방이 좋아도 더러는 받아주기 힘든 일에 맞닥뜨리기도 한다. 그런 순간에는 오히려 상대방에게 '아니오, 싫어요'라고 말할 수 있어야 관계가 유지된다. 상대방의 요구나 부탁을 거절해도 관계가 무너지지 않는다는 믿음이 있을 때 비로소 '아니오'라고 말할 수 있게 된다.

거부 의사는 마음 건강을 가늠하는 중요한 지표다. 마음이 건강하지 않은 사람은 상대방이 자신에게 소중할수록 '아니오'라는 말을 하지 못한다. 이런 사람은 그 소중한 사람이 없으면 살 수 없을 거라고 생각한다. 그는 버려질까 두려워 상대방이 기대하는 대로 살아가려 애쓴다. 이 경우 차츰 자아를 상실하면서 내가 '나'가 아닌 상태에 놓이고 만다.

마음이 건강한 사람은 상대방이 내게 아무리 소중해도 그 사람 없이는 살 수 없다는 생각 따위는 하지 않는다. 물론 그 사람 자체, 그리고 그 사람과 함께 있는 시간은 더없이 소중하다. 진정으로 사랑하는 사람과 함께 있는데 어찌 마음이 즐겁고 행복하지 않겠는가.

그렇다고 해서 그 사람이 없으면 인생을 살아갈 수 없는 것은 아니다. 사랑하는 사람과 함께하면 물론 더 행복하게 살 수 있겠지만 설령 그 사람이 없다고 해도 그에 맞게 살아갈 수 있는 것이다. 그럴 수 있는 사람이라야 마음이 건강한 사람이라고 할 수 있다.

인간사회와 개인의 삶은 복잡다단해서 논리적으로 따지고 들면 서로 모순되거나 양립하지 않는 것처럼 느껴지는 일이 적지 않다. 그 이율배반을 어렵지 않게 해소하는 사람은 마음이 건강하다는 것을 증명하는 셈이다. 자아실현을 깊이 연구한 대표적인 심리학자 에이브러햄 매슬로(Abraham Harold Maslow)는 바로 위에 언급한 내용을 '자아실현을 추구하는 사람의 특징'으로 든다. 나 역시 매슬로의 지적이 타당하다고 본다.

인간은 완전하지 않으며 완벽한 용기를 가진 존재도 아니다. 인간은 신이 아니므로 이는 당연한 상식이다. 하지만 누구나 아는 '인간은 신이 아니다'라는 진리에서 파생된 결과에 뜻밖에도 많은 사람이 둔감하다.

신이 아닌 인간이 멋진 관계를 맺으려면 어떻게 해야 하는지 고민하고 성찰해야 한다.

## 당신을 솔직하게 드러내도 인간관계는 무너지지 않는다

신경질적인 사람은 자신보다 약자라고 생각하는 사람과 관계를 맺으면 상대방에게 완전한 인간이 되어줄 것을 요구한다. 신이 아닌 인간에게 신이 되어달라고 요구하는 셈이다. 이에 따라 신경질적인 관계에서 약자는 신을 연기해야 한다. 이를테면 실제로는 뭔가를 두려워하지만 무섭지 않다는 시늉을 해야 한다. 실제로는 비겁하지만 비겁하지 않은 시늉을 해야 한다.

자아실현적 관계에서는 신경질적 인간관계와 달리 '척할' 필요가 없다. 실제로 내가 살짝 비겁해질 때 상대방에게 있는 그대로의 진짜 나를 표현하는 관계가 자아실현적 관계에 가깝다. 즉, 나는 신이 아니며, 솔직하게 나를 드러내도 상대방과의 인간관계는 무너지지 않는다.

여기에는 인간적으로 서로 신뢰한다는 믿음이 밑바탕에 깔려 있다. 사람과 사람 사이의 믿음은 원래 그런 법이다. 내 마음이 비겁해지는 순간 그 비겁함을 표현할 수 있어야 다른 상황에서도 여전히 믿고 의지할 수 있다. 또 그래야 상대방이 하는 말을 진심으로 믿을 수 있다.

설령 상대방에게 약점이 있을지라도 믿음을 저버려서는 안 된다. 이는 당연한 일이다. 이처럼 이율배반적 요소를 해소하는 것은 마음이 건강하다는 걸 증명한다.

서로 진심으로 신뢰하면 서로가 신이 아닌 인간임을 상대방에게 안심하고 드러낼 수 있다. 그런데 신경질적인 사람은 특히 자신이 강자의 입장에 서 있을 때 상대방에게 완벽함을 기대한다. 자신과 마찬가지로 상대방 역시 완벽한 신이 아니라 약점 많은 인간이라는 사실을 인정하지 않고 마치 그가 신이라도 되는 듯 완벽함을 요구한다. 이는 인간으로서 자신과 상대방 사이에 믿음이 결핍되어 있다는 방증이다. 신경질적인 사람은 마음에 불안감이 남아 있어 아무리 노력해도 상대방을 완전히 믿지 못한다.

믿음은 능동적인 행동이다. 마치 조현병 환자처럼 자아가

분열된 수동적 인간은 회의적으로 고뇌한다. 물론 수동적인 사람도 누군가를 사랑하고 친구도 필요하기 때문에 가능하면 상대방을 믿고 싶어 한다. 도리어 믿음에 굶주려 마음이 건강한 사람보다 믿고 싶어 하는 열망이 더 강하다.

마음이 불안할수록 상대방을 완전히 믿지 못하기 때문에 믿고 싶은 마음이 더욱더 강해진다. 불안해서 상대방을 믿지 못할 경우 믿음으로는 불안을 해소할 수 없다. 결국 마음이 건강하지 못하면 악순환에 빠지고 만다.

개중에는 마음속으로 믿지 못하면서 의식적으로 감정을 부추겨 믿어보려 애쓰는 사람도 있다. 이것은 감정 과시이며, 과시는 결핍의 증거다.

인간은 선악을 판단하기 이전에 하나부터 열까지 모두 있는 그대로 자신을 받아들일 필요가 있다. 선악의 판단이 개입하면 내면의 악을 깨달아 자신을 있는 그대로 받아들이기 어려워진다.

자신을 있는 그대로 받아들이고 그 안정감을 토대로 내면의 악을 깨달으면 자신을 불안의 구렁텅이로 밀어 넣지 않게 된다. 반면 기본 태도인 안정감이 없을 경우 내면의 악을 인정하면 할수록 불안해진다. 사람들은 대개 선을 받아들이지만 악은 거부하려 하지 않는가. 의존성이 강한 사람에게 자신이 거부당하거나 버림받는다는 느낌보다 더 두려운 것은 없다.

Counseling

11

# 자기 자신을 수용하고 다른 사람을 신뢰하라

상담자

"사랑하는 사람과 좀 더 좋은 관계를 유지하는 데 필요한 조언을 해주신다면요?"

심리학자

"연인에게 '너를 많이 사랑해!'라는 말보다 '너를 소중히 아껴주고 싶어!'라는 말을 더 많이, 더 자주 들려주세요. '너를 소중히 아껴주고 싶어'라는 말은 유아 성향을 벗어버린 성숙한 어른의 사랑 고백입니다."

## 자신을 수용할 줄 아는 사람이 다른 사람도 신뢰할 수 있다

상대방을 믿는다는 것이 말처럼 쉬운 일은 아니다. 이는 자기 자신과 다른 사람을 진정으로 수용할 줄 아는 사람에게나 가능한 일이다. 수동적인 사람에게는 상대방을 전적으로 신뢰하는 일이 거의 불가능하다. 수동적인 사람이 누군가와 사랑할 때 의외로 집요해지는 것도 그래서다. 상대방이 하는 말을 믿고 싶지만 믿지 못하므로 끊임없이 상대방의 말이 옳다는 증거를 찾으려 애쓰는 것이다.

물론 수동적인 사람도 연인에게 사랑한다는 말을 들으면 기뻐한다. 거기까지는 능동적인 사람과 다를 바 없다. 하지만 수동적인 사람은 끈질기게 사랑을 확인하려 하며 "정말 사랑해?"라고 되묻는다. 더 나아가 "그런데 그땐 왜 그랬지?" 하고 질문을 던진다. 상대방이 자신이 원하는 대답을 해주길 기대하면서 말이다.

심지어 다음과 같은 질투 어린 질문을 하기도 한다.

"전에 사귄 그 사람과도 이랬어?"

"그 사람을 더 사랑하지 않아?"

당연히 이 질문에 상대방이 부정해주기를 바란다. 그렇다면 상대방이 자기 바람대로 부정해주면 상대방을 믿을까? 그렇지 않다. 여전히 믿지 못할 뿐 아니라 틈만 나면 상대방에게 자신을 얼마나 사랑하는지 증명해 보이라고 집요하게 압박한다. 그로 인해 사랑하는 사람이 진저리를 치며 떠나기도 한다.

### "믿음과 신뢰는 자신을 무(無)로 만들어야 가능하다"라는 말의 의미는?

믿음과 신뢰는 상대방을 향해 자신을 내던지는 행위다. 아집으로 똘똘 뭉친 사람, 즉 마음이 불안한 사람은 다른 사람을 신뢰하려고 해도 자신을 온전히 내던지지 못한다. 믿음과 신뢰는 자신을 무(無)로 만들어야 가능하다. 마음이 무방비 상태라야 상대방을 신뢰할 수 있지만 불안한 사람은 자신을 내던지지도 '무'의 상태로 만들지도 못한다.

자기방어적인 사람은 상대방이 자신을 정말로 사랑해도 그 사실을 믿지 못한다. 그가 끈질기게 그 사랑을 확인하려고 하는 것은 상대방에 대한 믿음이 부족해서다. 그러다가 결국 상대방이 더는 참지 못하고 지긋지긋해하며 떠나버리는 일이 일어난다.

상대방의 호의와 배려, 사랑을 집요하게 확인하려 하는 태도는 상대에게 끊임없이 상처를 준다. 그렇지만 마음이 불안한 사람은 그 이치를 깨닫지 못한다.

마음이 불안한 사람, 아집으로 똘똘 뭉친 사람, 매사에 신경질적인 사람, 자기애가 지나치게 강한 사람, 마음이 건강하지 못한 사람, 어리광이 남아 있는 사람, 정서가 미성숙한 사람은 거의 예외 없이 자신이 상대방을 사랑하기 위해 큰 희생을 치르고 있다고 굳이 말하고 싶어 한다. 때로 그들은 실제로 "내가 너를 이렇게나 많이 사랑해"라고 말하며 상대방에게도 애정을 요구한다.

자기희생적 헌신은 의존심의 표상에 지나지 않는다. 이런 사람은 직접적인 헌신도 하지 않으면서 "당신과의 관계를 유지하기 위해 내가 이만큼이나 희생하고 있다고요!"라고 목소리 높여 강조하며 상대방에게도 강압적으로 사랑을 요구한다. 그리고 그는 '내가 이만큼 희생했으니 당신이 나를 사랑하는 것은 당연하다'는 식으로 자의적으로 해석하거나 단정 짓기도 한다.

스스로 생각하는 자기희생을 자신이 상대방을 사랑하는 증

거라고 믿고 내세우는 사람은 자기애가 넘치는 나르시시스트 유형에 속할 가능성이 크다. 희생이라는 사랑의 증거를 들이밀며 암묵적으로 상대방의 애정을 요구하는 사람도 나르시시스트 유형에 가깝다.

"'내가 상대방을 사랑하니 상대방도 나를 사랑하는 게 너무 당연하다'라는 생각은 뭔가 자연스럽지 않고 이상한 느낌이 든다. 그런 사람은 나르시시스트 유형일 가능성이 크다"라고 말하면 사람들은 대부분 고개를 끄덕이며 흔쾌히 동의한다. 그런데 문제는 그들이 누가 봐도 그것은 정상적이지 않은 사고방식이라고 수긍하면서도 정작 자신은 그렇게 어리석지 않다고 믿어 의심치 않는다는 점이다.

그러나 그렇게 믿는 사람도 실제로 사랑에 빠지면 자신이 나르시시스트임을 증명하는 말과 행동을 자주 한다. 예를 들면 상대방에게 사랑받기 위해 "너를 많이 사랑해!"라고 말한다. 이 말을 하면서 그는 속으로 '내가 이렇게 말했으니 그(혹은 그녀)도 나를 더 사랑해줄 것'으로 기대한다.

이 기대는 어디에서 비롯된 것일까? 그러한 사고방식의 밑바탕에는 '내가 이렇게 사랑하면 상대방도 분명 나를 사랑할 거야'라는 나르시시스트의 전제가 깔려 있다. 마음속에 나르시시스트의 전제가 없으면 상대방을 설득하기 위해 자신이 얼마나 그를 사랑하는지 필사적으로 외칠 리 없기 때문이다.

## 자아실현적 관계에서는 "너를 많이 사랑해!"라고 하지 않고 "너를 아껴주고 싶어"라고 말한다

오글거리는 사랑 고백을 듣고 기뻐하는 사람이나 낯간지러운 사랑 고백을 일삼는 사람은 모두 나르시시스트다. 재미있게도 둘 다 열등감을 안고 산다.

신경질적이고 자존심에 상처를 받은 사람은 묘하게도 자신이 얼마나 사랑받고 있는지 묻고 답하는 과정을 흡족해한다. 또한 열등감에 시달리는 사람은 누군가가 자신을 떠받들어주면 입이 귀에 걸리도록 기뻐한다.

반면 열등감이 없는 사람에게 그것은 성가시게 느껴질 수 있다. 마음이 건강한 사람은 다른 사람에게 이런저런 주목과 관심을 받아도 마음이 건강하지 못한 사람만큼 호들갑스럽게 기뻐하지 않는다.

자아실현적 관계에서는 "너를 많이 사랑해!"라고 하기보다는 "너를 아껴주고 싶어"라고 말한다. 이는 수동적 사랑이 아니라 능동적인 사랑이다.

자신을 사랑하지 않는 사람은 다른 사람도 사랑하지 못한다. 자아실현형 인간은 상대방에게 자신을 사랑해달라고 요구하는 대신 자신을 소중히 '아껴달라'고 요구한다.

"너를 많이 사랑해!", "내가 너를 위해 희생하고 있어!"라는 말로 생색을 내고 상대방에게 사랑을 요구하는 사람은 나르시시스트다. 반면 “너를 소중히 아껴주고 싶어”, “나를 소중하게 여겨줘”라는 말은 자기 안의 어리광 기질과 유아 성향을 벗어버린 성숙한 어른의 사랑 고백이다.

사랑한다는 말 백 마디보다 성숙한 사랑의 표현 한마디가 더 낫다. 이런 표현을 할 줄 아는 사람은 상대방을 믿고 신뢰한다.

우정이든 연애든 내면에서 솟아나는 감정에 몸을 맡겨도 탈이 없다고 생각하는 것이 ‘안도감’이다. 자연스러운 감정에 몸을 맡겨도 위험하지 않다고 느낄 수 있어야 비로소 마음과 마음이 하나로 이어진 신뢰관계라고 부를 수 있다.

인간은 탄탄한 안정감 위에 서 있어야 내면에 숨은 능력을 비로소 활짝 꽃피울 수 있는 법이다.

Counseling

12

# 기초가 튼튼한 집이 안전하듯 건강한 자아를 가진 사람이 온전한 인간관계를 만든다

상담자

“사람들과 친해지고 싶고 마음을 열고 싶은데, 그게 잘 안 됩니다. 이상하게도 별로 친하지 않은 사람과는 오히려 잘 지내는 편인데, 친해질수록 마음속에 불쾌감이 생깁니다. 왜 그런 걸까요?”

심리학자

“자아 기반이 약하기 때문입니다. 건강한 자아를 가진 사람은 다른 사람과 어렵지 않게 친해집니다. 기초가 튼튼한 집이 안전하고 거센 비바람과 태풍에도 끄덕없듯 자아 기반이 강한 사람은 감정 기복이 없고, 다른 사람과 쉽게 친해지며, 친밀감을 오래 유지합니다. 그러니 자아 기반을 먼저 튼튼히 다지세요.”

## 날마다 자신이 '남자'임을 증명해야 하는 사회는 건강하지 않다

자아를 확립하지 못하면 다른 사람과 어떻게 관계를 맺어야 할지 몰라 갈팡질팡하게 된다. 전통적 가부장 문화의 사회에서 남자아이는 남자다움을 강요받았고, 속이야 어찌되었든 겉으로는 강한 척하는 일에 공을 들였다.

"남자가 그깟 일에 눈물을 보이면 못써! 여자애처럼 질질 짤 거야?"

"남자는 입이 무거워야 해. 사람들 앞에서 재잘재잘 함부로 입을 놀리는 게 아니야."

"남자가 그렇게 약해 빠져서 어쩌려고 그래!"

"남자가 고작 그 정도를 무서워해서 쓰나!"

"남자는 여자의 말에 상처받지 않아."

"남아일언 중천금이야. 남자가 한 번 내뱉은 말은 목숨 걸고 지켜야지."

"남자 대 남자로 한 약속을 깰 셈이야?"

"남자가 듬직한 맛이 있어야지. 계집애처럼 징그럽게 왜 눈웃음을 치고 애교를 부려?"

가부장 문화가 지배하는 사회에서 남자는 조금이라도 더 강한 사람이 되도록 강요받는다. 해가 뜨고 잠에서 깨어나는 그 순간부터 남자아이는 그날의 치열한 경쟁에 뛰어들기 위해 긴장한 채 출발선에 선다. 그리고 온종일 그 경쟁에서 뒤처지지 않기 위해 이를 악물고 노력한다.

그렇게 남자는 끊임없이 위를 보고 올라가야 한다. 어제도 오늘도 내일도 숨이 붙어 있는 한 남자는 쉼 없이 단련하고 싸우면서 위로 올라가 승리를 쟁취해야 한다. 그 과정에 닥쳐오는 엄청난 중압감을 견뎌내야 한다. 만일 압박을 견디지 못하고 중도에 포기하면 '남자도 아니다'라는 식의 가혹한 평을 듣게 된다. 그처럼 남자는 매일 자신이 남자임을 증명하고 또 증명해야 한다. 그 끝나지 않는 싸움을 계속하기 위해 남자는 매일 잠에서 깨어난다.

남자는 약한 소리가 입 밖으로 새어 나오려고 하면 입술을 깨물며 참아야 한다. "더는 못하겠다"라고 말하는 대신 그 감정을 억눌러야 한다. 슬퍼서 울고 싶을 때는 눈을 질끈 감고 참아야 한다. 기댈 곳 없이 누군가에게 보호받고 싶은 순간에도 그 감정에 항복해서는 안 된다. 남자는 상황에 기민하게 반응하고 솔직한 자기감정에 휩쓸리지 않아야 한다. 게으름을 피우고 싶어도 게을러지면 안 된다.

숨이 막힐 수도 있지만 가부장 전통이 강한 문화권에서는 남자다움을 강요하는 것이 일반적이다. 여기에는 거의 예외가 없다. 문화는 하루아침에 바뀌지 않는다. 아무리 사회가 물질적으로 풍요로워져도 곧바로 달라지지 않는다. 비록 지금은 과거와 많이 달라졌지만 남자다움을 강요하는 문화는 여전히 곳곳에 남아 있다.

때때로 남자는 자신이 남자답다는 것을 증명해야 하기에 자신의 내면은 소홀히 하면서 푸대접하곤 한다.

'너는 남자잖아!'

엄마에게 이런 꾸중을 일상적으로 들으며 자라다 보니 내면세계 따위는 돌볼 겨를이 없다. 그렇게 성장해서 어른이 되면 자신의 남자다움을 주위 사람들에게 과시하고자 더욱더 애를 쓴다. 진짜 자기 모습은 울보에다 소심한 겁쟁이일지라도 용기 있는 사람처럼 보이고자 노력하며 남자다운 모습을 연기하고 또 연기한다. 속마음은 우울해서 미칠 지경이어도 겉으로는 유쾌한 표정을 짓는다.

어린 시절부터 나약한 감정 따위는 훌훌 털어버리고 꿋꿋하게 일어서는 것이 남자다운 남자의 모습이라고 귀에 딱지가 앉도록 들으며 자랐기 때문이다. 그러니 어찌 우울감에 질 수 있겠는가.

## 자아 기반이 약한 사람이 친밀감에 공포를 느끼는 까닭은?

마음을 활짝 열어봤자 알맹이 없이 내면이 텅텅 비어 있다면 어떨까? 그러면 마음을 열기가 두려워진다. 마음을 활짝 열면 바람에 날리는 먼지처럼 '나'라는 존재가 사라져버릴 것만 같아 무섭다.

이런 심리 탓에 오히려 친밀감에 공포를 느끼는 사람도 있다. 친밀해지면 자신이 사라져버릴 것만 같은 불안감에 시달리게 되기 때문이다. 그다지 가깝지 않은 사람과는 잘 지내지만 친분이 쌓여 친밀감을 드러내기 시작하면 그 사람에게서 불쾌감이 터져 나온다. 이는 내면의 못된 장난이다.

건강한 자아를 가진 사람은 다른 사람과 어렵지 않게 친해진다. 집의 기초를 튼튼히 다지듯 자아 기반을 확립하여 자아 동일성 내용이 풍부하기 때문이다.

반면 자아 기반이 약한 사람은 다른 사람과 친해지고 싶어 하면서도 막상 친밀해지면 알 수 없는 불쾌감을 느끼며 두려워한다. 자아 기반이 약한 사람은 마음의 표면에서는 바라는 일을 마음속으로는 꺼린다.

자아가 통일되지 않은 사람은 마음이 건강하지 못하다. 자아 통일이란 원하는 일을 하고 싫어하는 일은 하지 않으면 그만인 상태다. 이처럼 자아 통일은 쉬운 듯하면서도 어렵다.

자아가 확고한 사람은 다른 사람과 어떻게 어울릴지 의식하지 않아도 자연스럽게 관계를 맺고 교류한다. 건강한 몸과 마음을 지닌 사람은 숨 쉬듯 자연스럽게 인간관계를 맺으며 살아간다.

Counseling

13

# 자신이 누구를 좋아하고 싫어하는지 정확히 아는 것이 중요하다

상담자

"부끄럽지만 저는 허세 기질이 강한 편입니다. 허세 기질을 줄이고 좀 더 실속 있는 사람이 되려면 어떻게 해야 할까요?"

심리학자

"아마도 성장 과정에서 '그렇게 허세를 부리지 않아도 돼. 너는 있는 그대로의 모습으로 충분히 매력적인 사람이야'라며 당신을 인정해주는 사람을 만나지 못했기 때문일 겁니다. 지금부터라도 '너는 충분히 매력적인 사람이야'라는 말을 자신에게 들려주세요."

## 허세를 부리는 사람이 허세를 부리는 사람과 주로 어울리는 이유

비호감인 사람은 속으로는 자신감이 없으면서도 겉으로 있는 척한다. 쉽게 말해 이런 유형의 사람은 허세를 부리는 게 습관이 돼 있다. 유심히 살펴보면 어린 시절 어리광 욕구를 충족하지 못한 사람일수록 허세를 잘 부린다는 걸 알 수 있다. 그는 다른 사람의 관심을 끌고 싶어 안달이 난다. 그리고 그는 다른 사람이 자신을 특별대우하지 않으면 못 견딘다.

이런 유형의 사람이 허세를 부리는 이유는 성장 과정에서 "그렇게 허세를 부리지 않아도 돼. 너는 있는 그대로의 모습으로 충분히 매력적인 사람이야"라며 자신을 받아들여주는 사람을 만나지 못했기 때문이다. 그런데 허세를 부리는 사람은 오히려 그런 사람을 피하고 허세를 부리는 사람끼리 어울린다.

허세를 부리는 사람끼리 어울리면 어떤 일이 일어날까? 열에 여덟아홉은 서로 상처를 주기 마련이다. 그들은 마음속으로 서로를 미워한다. 그렇기는 해도 상대방이 자신의 허영심을 어느 정도 채워주는 부분이 있고, 그 덕분에 그럭저럭 관계를 유지한다. 물론 그들은 그것이 거짓된 관계임을 알고 있으나 의식하지 않으려 애를 쓴다.

자신의 정서적 성장에 정말로 필요한 사람을 판별하는 안목을 갖추는 일은 말처럼 쉽지 않다. 그러다 보니 사람들은 자신에게 상처를 주는 사람을 친구로 사귀거나 연인으로 만든다.

마음속으로 싫어하는 사람을 의식적으로 좋아하려고 노력하는 사람도 많다. 이는 마치 부모에게 충분히 사랑받지 못한 사람이 평생 부모 품을 벗어나지 못하고 맴도는 것과 비슷하다. 인간 심리는 복잡 미묘해서 상대방을 진심으로 미워한다고 해서 반드시 헤어지는 것은 아니다. 마음속으로 미워하지만 헤어질 수 없는 관계도 있다.

심리학에서 사용하는 용어 '반동형성'에 대해 잠깐 짚고 넘어가자. 이는 미움의 감정을 억압할 경우 그 억압을 유지하기 위해 정반대 태도를 보이는 심리 상황을 말한다. 예를 들어 마음속에 미움을 간직하고 있을 때 오히려 상대방에게 엄청난 호의를 베푸는 식이다.

내가 상대방과 반동형성 관계인지 아닌지는 동성보다 연인이나 부부관계에서 좀 더 알기 쉽다. 대표적인 예로 남자의 성불능과 여자의 불감증이 있다. 나는 남자의 성불능이 반동형성에서 비롯된 경우가 많다고 생각한다.

어떤 남자가 한 여자를 속으로 미워하고 꺼림칙하게 여기면서도 한편으로 그 여자를 원한다고 해보자. 이러한 마음의 갈등은 그 남자를 불안하게 만든다. 이때 남자가 느끼는 꺼림칙함은 마음 깊은 곳에 있으므로 스스로 분명하게 의식하기 어렵다. 상대방이 자신의 자존심에 위협이 되는데도 말이다.

## 우월감과 열등감은 동전의 서로 다른 면이라고?

동성과의 사이에 일어나는 반동형성은 알아차리기가 더 어렵다. 예를 들어 남자 A가 특정 분야에서 열등감을 느낀다고 해보자. 이는 그가 머리가 좋지 않아서일 수도 있고 체력이 달려서일 수도 있다. 어쨌든 열등감을 품고 있지만 그 열등감은 마음의 표면으로 드러나지 않는다. 그것은 무의식에서 작용하며 A를 몰아세운다. 그런데 정작 A는 자신의 부족한 부분을 인정하지 않고 거꾸로 허세를 부린다.

또 체력이나 지능이 뛰어난 남자 B가 있다고 해보자. B는 자신의 뛰어난 지능과 체력에 우월감을 느끼는 대신 외모가 떨어진다는 사실에 열등감을 느낀다. 말하자면 자신의 모든 것을 있는 그대로 받아들이지 못하는 셈이다.

우월감은 열등감의 반증이다. B는 일반적인 사람과 비교해 체력과 지능이 뛰어나지만 스스로 요구하는 기준에는 미치지 못한다. 이상적인 자아상과 실제 자신이 다른 것이다. 역설적이게도 이 열등감은 다른 사람에게 우월성을 과시하는 동기로 작용한다.

이런 유형의 사람이 지능이나 체력이 떨어지는 사람을 '짐짓' 경멸하는 것은 그런 이유에서다. '짐짓', 즉 고의로 누군가를 경멸한다는 이 말은 그의 마음이 불안정하다는 것을 의미한다. 그가 실제로 자신을 있는 그대로 받아들이면 다른 사람을 '짐짓' 경멸할 필요가 없다. 그는 속으로 실제 자신이 스스로 원하는 만큼 뛰어나지 않다는 사실을 알고 있다. 즉, 속으로 그는 자신을 경멸한다.

그렇지만 그는 자신이 스스로 바라는 만큼 뛰어나지 않다는 사실을 인정하지 않는다. 그는 자신이 뛰어나다고 믿고 싶어 하면서도 마음속에서는 믿지 못해 갈등을 일으키며, 그 갈등을 해결하고자 하는 욕구에서 타인을 '짐짓' 경멸한다.

이제 A와 B가 서로 만났다고 해보자. A는 자신보다 지능과 체력이 뛰어난 B에게 매력을 느낀다. 더구나 그는 지능과 체력을 중시하는 가치관을 가지고 있다. 이때 B를 존중하고 B

와 친구가 되고 싶어 하는 A의 마음은 자기 경멸로 이어진다. A는 B와 똘똘 뭉쳐 체력이나 지능이 떨어지는 사람들을 '짐짓' 경멸한다.

두 사람이 고의로 다른 사람을 경멸하는 이유는 뭘까? 둘 다 마음속으로 상처받고 있기 때문이다. 두 사람이 의기투합해 다른 사람을 경멸하는 것은 자신이 받은 상처로부터 자신을 지키고자 하는 일종의 방어기제다.

두 사람은 자기 자신을 비하하고 다른 사람을 비하함으로써 그 상처를 회복하려 한다. 또한 그들은 허세를 부리느라 자신을 스스로 비하하며 상처를 외면한다.

이 경우 A와 B는 서로 친구라고 말할 수 있을까? A는 B를 자신의 친구라고 부르며 허세를 부린다. 이처럼 A는 B를 친구라고 말하지만 속내를 들여다보면 그에게 열등감이 있기 때문이며, 정작 B는 A를 마음속으로 거부한다.

만약 B를 친구로 삼아 자신의 열등감을 치유하려 하는 A에게 어떤 일이 생겨 열등감이 사라지면 어떻게 될까? B는 A에게 아무런 매력도 없는 사람으로 변하고 만다.

아무튼 마음속으로 자신을 거부하는 A는 실제 자신을 알고 있지만 그 사실을 인정하고 싶어 하지 않는다. 자신이 그보다 더 나은 사람이라고 믿고 싶어 하기 때문이다. 그것이 바로 허세다.

## 당신이 자신을 거부할수록
## 당신을 거부하는 다른 사람에게 끌리는 건 왜일까?

마음속으로 자신의 진정한 자아를 거부하는 사람은 신기하게도 진정한 자아를 거부하는 사람에게 끌린다. 당신이 자기 자신을 거부할수록 당신을 거부하는 다른 사람에게 끌린다는 말이다. 이것은 사실 매우 중요하다. 마음의 갈등이 빚어낸 괴로움에서 잠시나마 도망치는 방법이기 때문이다. 하지만 마음의 갈등 그 자체는 절대로 해결되지 않는다.

이런 사람들이 구성원인 독특한 분위기의 무리가 있는데, 그것은 바로 가족이다. 가족은 그야말로 그 독특한 분위기로 뭉친 사람들이다.

이들은 알고 보면 자기 자신을 미워한다. '알고 보면'이라고 썼지만 사실 이것은 무의식에서 일어나는 일이라서 제대로 알아차리기 어렵다. 그리고 자신을 미워하는 사람은 다른 사람도 미워한다. 무의식적으로 자신과 비슷한 사람을 미워하는 것이다. 그렇지만 그 미움은 억압되고 만다. 강하게 억압하는 사람도 속으로는 자신을 거부하는 사람, 자신을 소홀히 여기는 사람, 자신을 무시하는 사람을 알고 있다. 한발 더 나아가 이 모든 적의와 미움을 억압하면서 인간관계가 형성된다는 사실도 알고 있다.

앞서 말했듯, 자신이 누구를 좋아하고 싫어하는지 정확히 아는 것은 쉬운 듯하면서도 어려운 일이다. 세상에는 죽을 때까지 싫어하는 사람과 부대끼다가 삶을 마치는 사람도 적지 않다. 이들은 강하게 자신을 억압하는 경향이 있는 사람이다. 묘하게도 이런 사람은 자신이 좋아하는 사람을 피하고 자신이 마음속으로 미워하는 사람들에게 오히려 다가간다.

Counseling

14

# 다른 사람의
# 칭찬을 갈구하기보다
# 내면의 성장을 추구하라

상담자

"다른 사람이 저를 치켜세워주고 떠받들어주지 않으면 마음이 불안해지고 다른 사람의 말과 행동 때문에 자주 상처받습니다. 왜 그런 걸까요?"

심리학자

"당신의 내면에 어리광 욕구와 결핍 욕구가 충족되지 않았기 때문입니다. 그런 자신을 냉철히 살펴보고, 어리광 욕구와 결핍 욕구를 달래면서 동시에 무덤덤해지게 하는 방향으로 훈련하길 권합니다."

## 결핍을 동기로 행동하는 사람은 왜 항상 다른 사람의 칭찬에 목말라할까?

에이브러햄 매슬로의 말을 빌리자면, 어리광 욕구가 강하거나 열등감이 심한 사람은 결핍을 동기로 행동한다. 자신의 성장과 자아실현에 관심이 없는 사람은 끊임없이 자신을 칭찬해줄 사람을 갈구한다. 열등감이 심한 사람은 자신을 칭찬해줄 사람이 없으면 이내 마음이 불안해진다. 즉, 그는 자신이 원할 때 자신을 떠받들어줄 사람을 필요로 한다.

매슬로는 『동기와 성격(Motivation and Personality)』에서 이렇게 말한다.

> 결핍에서 동기부여를 얻는 사람은 사귈 수 있는 사람이 있어야 한다.

결핍을 동기로 행동하는 사람은 다른 누군가가 곁에 있어주지 않으면 마음이 불안해진다. 그는 누가 좋은 사람인지 알지 못한다. 그저 옆에서 자신을 떠받들어주고 오냐오냐해주는 사람이면 누구라도 상관없다고 여긴다. 누구라도 좋으니 자기 옆에 있어주기를 원하고 자신을 마냥 칭찬해주기를 바란다. 운 좋게도 만약 곁에 열등감이 심한 사람이 있으면 그가 자진해서 그 역할을 떠맡는다. 이는 앞에서 말한 열등감 있는 A와 B의 관계와 비슷하다.

왜 이런 일이 벌어질까? 매슬로에 따르면, 그런 사람들의 욕구를 다른 사람이 충족해주기 때문이다. 그런데 결핍을 동기로 행동하는 사람은 자신이 어떤 사람을 사랑한다고 착각하는 경우가 많다. 그래서 늘 그 사람이 자기 옆에 있어주길 바라지만 실은 옆에 있어주는 사람이 꼭 그 사람일 필요는 없다. 앞서 말했듯 조건만 맞으면 누구라도 상관없다.

또 다른 문제는 옆에 있는 사람도 자신이 사랑받는다고 착각한다는 점이다. 물론 그 사람이 자아실현형이면 그런 착각을 하지 않는다. 아무튼 그 사람은 지금 상대방이 원하는 것은 자신이 아니라 그저 칭찬받는 것일 뿐임을 알고 있다. 그들은 서로의 인품에 끌리지 않으며, 단지 서로 마음의 결핍을 충족하려 애쓸 뿐이다. 그러므로 표면적으로 자신의 위신을 세워주는 사람이면 누구라도 상관없다.

인간은 착각으로 구원받을 수 없는 존재다. 얼마 지나지 않아 자신이 칭찬해주지 않으면 상대방이 언짢아한다는 사실을 눈치 채고 마음속으로 그를 두려워한다. 입으로는 상대방을 칭찬하지만 실은 상대방에게 위협을 느낀다. 결국 인간은 충족감을 얻기 위해 자신을 있는 그대로 받아들여주는 존재를 필요로 한다.

## 결핍을 동기로 행동하는 사람 앞에서 상대방이 있는 그대로 자신을 드러내서는 안 되는 이유

결핍을 행동의 원동력으로 삼는 사람이 상대방에게 원하는 것은 인품 같은 것이 아니다. 그는 인품은 중요하지 않다고 여긴다. 그럼 무엇을 중요하게 여길까? 그는 상대방이 자신의 신경증적 자존심에 상처를 주는지 아닌지를 주로 신경 쓰고 중시한다.

이런 유형의 사람 앞에서 상대방은 자신을 있는 그대로 드러내서는 안 된다. 자신이 느끼는 대로 느끼면 안 되고 자신의 가치관에 따라 솔직하게 말해서도 안 된다. 어디까지나 결핍을 행동의 동기로 삼는 사람의 기대에 맞춰 생각하고 그가 기대하는 것을 세심하게 고려해서 말해야 한다. 이런 유형의 사람에게는 옆에 있는 그 사람이 실제 자신의 본모습으로 존재하는 것이 용납되지 않는다. 이런 조건을 충족한다면 누구라도 상관없다고 여긴다.

반대로 자아실현형 인간은 다른 사람에게 이런 조건을 내걸지 않는다. 물이 흐른다고, 혹은 바위가 단단하다고 트집 잡지도 않는다. 매슬로는『동기와 성격』에서 자아실현형 인간은 자연을 있는 그대로 받아들이듯 다른 사람도 그렇게 받아들인다고 말한다. "이건 아니잖아"라고 말하지 않고 모든 것을 있는 그대로 편안하게 받아들이는 것이 자아실현형 인간이다.

결핍을 동기로 삼는 유형의 부모 손에 자란 아이는 자신의 말과 행동이 다른 사람에게 강력한 영향력을 발휘한다는 사실을 안다. 그러므로 그는 자기 욕구를 있는 그대로 드러내기를 두려워한다. 어른이 되어서도 자신의 말과 행동이 다른 사람에게 상처를 주지는 않을까, 다른 사람의 기분을 상하게 하지는 않을까 두려워한다.

이와 달리 자아실현형 인간은 다른 사람이 자신에게 보이는 반응을 그리 중요하게 여기지 않는다. 그는 다른 사람이 자신에게 보이는 반응이 아닌 자신의 내적 성장에서 만족을 얻는다.

그 사람의 내면 의식이 만족스러운 인생을 만들어간다. 자신이 어떤 일을 했을 때 다른 사람이 하는 칭찬보다 자신이 그 일로 성장하고 만족할 수 있는가가 훨씬 중요하다. 이런 사람은 웬만한 일로는 상처받지 않는다. 반면 결핍을 동기로 행동하는 부모 손에 자란 사람은 어른이 되어도 자아실현형 인간에게조차 자기감정을 있는 그대로 드러내면 상처를 주게 되지 않을까 두려워한다.

## 자아실현형 인간이 다른 사람의 입에 발린 칭찬을 경계하는 까닭은?

결핍을 동기로 행동하는 사람은 친구나 연인에게도 이것저것 요구하는 게 많다. 그리고 자신을 떠받들어주지 않는 자아실현형 인간에게 자기 곁을 내주려 하지 않는다.

결국 그 사람 곁에는 자신을 속여서라도 다른 사람과 함께 있고 싶어 하는 사람, 즉 내면에 고독이 가득한 사람만 남는다. 이런 사람은 상대방의 욕구에 맞추면서 자신의 고독을 달래려 하지만 내면의 고독감은 달래지지 않는다.

이처럼 상대방이 자신을 있는 그대로 받아들이지 않는 상황에서는 마음의 교류가 이루어지지 않는다. 결핍 욕구만으로 행동하는 사람은 진지한 표정으로 자신의 강한 자존심을 자주 들먹인다. 상처받기 쉬운 본심을 자존심이 강하다는 말로 얼버무리는 식이다. 여기에다 곁에 있는 사람은 그런 상황을 부추긴다.

어리광 욕구가 강한 사람, 결핍 욕구로 행동하는 사람은 언제나 누군가가 옆에서 떠받들어주지 않으면 불안해하고 툭하면 다른 사람의 말과 행동 때문에 상처받는다. 이것은 자존심이 강해서가 아니며 자기감정을 중시해서도 아니다. 한마디로 어른이 되어서도 어린아이처럼 어리광을 부리고 싶은 욕구 불만에 사로잡힌 것뿐이다.

반대로 자아실현형 인간은 누군가가 옆에 바짝 붙어 입 안의 혀처럼 굴며 가려운 곳을 긁어주듯 자신이 듣고 싶은 말로 칭찬해주면 기쁘기는커녕 자기감정과 생활이 방해받는다고 느낀다. 에이브러햄 매슬로 역시 『동기와 성격』에서 이 점을 지적한다. 이 극명한 차이에 얼마나 주목하는지가 인간관계의 관건이다.

Counseling

15

# 자기거부형 인간이 만든 연극 무대에서 당장 내려오라

상담자

"다른 사람을 마구 비난하고 싶고 험담하고 싶은 충동을 받을 때가 종종 있습니다. 어떻게 고칠 수 있을까요?"

심리학자

"내면의 열등감 때문에 그런 충동이 생깁니다. 그러나 명심하세요. 아무리 험한 말로 다른 사람을 비난해도 이미 상처받은 자존감은 회복되지 않습니다. 설령 일시적으로 위안을 받는다 해도 결국 더 깊은 상처를 받게 될 뿐입니다."

## 자아실현형 인간은 상대방의 유치함도 넉넉히 받아들인다

사실 내면에 어리광 기질이 많은 사람이나 열등감이 심한 사람은 자아실현형 인간과 관계를 맺는 것이 매우 중요하다. 자아실현형 인간이 있는 그대로의 자기 자신을 받아들이면서 경험하는 과정이 그 사람의 성장에 필요하기 때문이다.

자아실현형 인간은 마치 우리가 바위가 단단하다는 점이나 나무가 푸르다는 사실을 자연스럽게 받아들이듯 자신과 관계를 맺는 사람의 유치함도 넉넉히 받아들인다. 그렇지만 어리광 기질이 많고 열등감이 심한 사람은 자신을 거부하는 사람 쪽으로 가버린다.

자아실현형 인간은 어리석게 행동하지 않는다. 가령 그는 그리 대단치 않은 일을 두고 마음에도 없는 말로 지나치게 칭찬하는 따위 행동은 하지 않는다. 어차피 그런 행동은 일시적인 위안에 불과하지 않은가. 또 자아실현형 인간은 자신의 열등감을 숨기려고 다른 사람을 무작정 비난하지도 않는다. 이를테면 그는 다음과 같은 말을 하며 상처받은 자신의 자존심을 위로하려 하지 않는다.

“저 사람들은 수준이 낮다니까.”

반대로 열등감이 많은 사람은 이와 비슷한 말을 끊임없이 반복한다. 그래야 일시적이나마 기분이 나아지기 때문이다.

그러나 아무리 험한 말로 주위 사람을 비난해봤자 상처받은 자존심은 쉽게 회복되지 않는다. 설령 일시적으로 위안을 얻는다 해도 본질적으로는 더 깊은 상처를 받을 따름이다.

### 그들은 왜 다른 사람에게 상처를 줌으로써 자신의 상처를 치유하려 할까?

열등감 있는 사람이 모인 집단에서는 다른 사람의 부족한 부분을 악의적으로 비웃거나 상처 주는 말과 행동을 서슴지 않는다. 다른 사람에게 상처를 줌으로써 자신의 상처를 치유하려 하기 때문이다. 반면 자아실현형 인간은 다른 사람의 부족한 부분을 관대하게 바라본다. 절대 악의를 품고 상처 주는 말이나 행동을 하지 않으며 다른 사람을 비웃지도 않는다.

그러다 보니 결핍을 동기 삼아 행동하는 사람, 내면에 어리광 기질이 많은 사람, 자신을 거부하는 사람, 열등감이 심한 사람은 자아실현형 인간에게 다가가지 않고 오히려 자신에게 더욱 상처 주는 사람에게 다가간다.

어리광 기질이 강하고 유치한 사람은 의존성 강한 사람들이 의도적으로 꾸미는 행동에 매력을 느낀다. 마음속에 자리한 자신이 무가치하다는 감정을 일시적이나마 달래주기 때문이다. 이는 마치 마약처럼 자신을 무가치하게 여기는 감정을 더욱더 깊게 만든다.

자아실현형 인간은 대단치 않은 일을 엄청난 일이나 되는 것처럼 과장하지 않는다. 자신과 다른 사람의 약점까지 받아들이는 사람은 대수롭지 않은 일을 대범하게 넘기는 과정 자체를 즐긴다. 그러나 열등감이 있거나 나르시시즘에 빠진 사람은 대수롭지 않은 일을 대단히 중요한 일이라도 되는 듯 과장해서 떠벌린다. 과장해서 생각하고 호들갑스럽게 다루면서 상처받은 신경증적 자존심을 회복하려는 것이다.

사소한 일을 대단히 중요한 문제처럼 다루고, 해도 그만 안 해도 그만인 행동을 호들갑스럽게 하는 이유는 뭘까? 자신을 무가치하게 여기는 감정에서 비롯되는 괴로움에서 벗어나기 위해서다. 그래서 다른 사람이 '저게 무슨 대단한 일이라고 저러나' 싶어 고개를 절레절레 흔들 만한 일도 야단법석을 떨며 자신을 구원하려 애쓴다.

자신을 있는 그대로 받아들이는 사람은 훨씬 더 자연스럽게 행동한다. 반면 열등감이 있는 사람, 자신을 받아들이지 못하는 사람은 단순하고 자연스러운 행동을 따분하게 여긴다. 그런 행동은 자신의 신경증적 자존심을 충족해주지 않기 때문이다.

신경증적 자존심이 있는 사람은 공부, 테니스, 여행, 조깅 등 무슨 일을 하든 특별한 의미를 부여하며 자신이 남들과 다르다는 점을 강조한다. 그것은 자신과 다른 사람에게 특별한 인상을 남기려고 의도한, 즉 틀에서 벗어난 말과 행동으로 드러난다.

하지만 이는 어디까지나 혼자만의 착각이다. 객관적으로 보면 단순한 공부나 조깅에 지나지 않는다. 이를 두고 거창하게 구구절절 설명하는 것을 들으면 어이가 없고 헛웃음이 나올 지경이다.

## 자기거부형 인간이 자기수용형 인간보다 자기거부형 인간에게 더 끌리는 이유

자신을 있는 그대로 받아들이지 못하는 사람은 무슨 일을 하든 모종의 효과를 노린다. 그 계획은 자발적인 것이 아니며, 이런 유형의 사람은 무엇이든 과장하고 요란스럽게 호들갑을 떤다. 이런 사람은 대수롭지 않은 일을 마치 인생이 걸린 중대사라도 되는 듯 머리를 맞대고 함께 의논해주는 사람과 관계를 맺기 쉽다. 대단치 않은데 대단한 듯 과장할 때 고개를 절레절레 흔들며 한 발 물러서는 사람보다 함께 호들갑을 떨어주는 사람과의 관계를 선호하는 것이다.

누구나 할 수 있는 쉬운 일을 마치 대단한 일이라도 하는 것처럼 유난스럽게 하는 사람 역시 자신을 대단하게 바라봐주는 사람들과 어울리는 것을 좋아한다. 이를테면 자기거부형은 자기수용형보다 자신과 같은 자기거부형에 끌린다.

자기수용형은 거들먹거리지도 않고 과장된 행동을 하지도 않는다. 그저 할 수 있는 일은 하고 할 수 없는 일은 하지 않는 담백한 태도를 유지할 뿐이다. 영어 단어 cant는 '위선적인 말'을 의미하는데 자기수용형 인간은 이런 말을 하지 않는다.

자기거부형 인간은 위선적이지만 그 위선을 인정하지 않는다. 위선에 동참하는 사람 역시 자신은 위선자가 아니라고 생각할 수 있다. 그런데 누군가가 자신의 연극에 동참해줄 경우 진짜 자기 모습에서 눈을 돌리기가 수월해진다.

자기거부형 인간은 영악하고 교활하지만 이 또한 쉽게 받아들이지 않는다. 그는 "사람들이 다 약아빠졌어"라고 입버릇처럼 다른 사람을 깎아내리며 자신의 교활함을 억누르고 감춘다.

마찬가지로 그와 비슷하게 교활한 누군가가 다른 사람을 비방하는 일에 동참하면 그로 인해 교활한 자신에게서 눈을 돌릴 수 있다. 결국 이해가 일치하는 한 교활한 사람은 교활한 사람끼리 어울리는 게 마음이 편하다.

Counseling

16

# 자신이 원하는 대로 상대방을 보지 말고 '있는 그대로' 바라보라

상담자

"제게 반복적으로 상처 주는 사람과의 관계를 단호히 끊지 못하는 건 저의 우유부단함 때문일까요?"

심리학자

"당신이 우유부단하거나 결단력이 부족해서라기보다는 당신이 자기거부형 인간이기 때문일 가능성이 큽니다. 묘하게도 자기거부형 인간은 자기와 같은 자기거부형 인간에게 끌리게 마련이고, 그로 인해 인간관계의 딜레마가 발생하는 겁니다."

## 다른 사람을 당신의 틀 안에 가두려고 하지 마라

함께 이런저런 연극에 맞춰주는 사람과 거기에 동참하지 않는 사람은 자기거부형 인간에게는 전혀 다른 의미를 지닌다. 자기거부형 인간은 다른 사람에게 종종 '이렇게 해달라 저렇게 해달라'라고 강하게 요구하기도 한다. 이 유형의 사람은 상대적으로 의존심이 강하고 다른 사람이 반응하는 일을 통해 만족을 얻는 편이므로 상대방의 반응에 민감하고 상처도 쉽게 받는다.

자기거부형 인간은 제멋대로 정한 기준에 따라 다른 사람을 바라보고 그 기준에 부합하지 않는 사람을 비난한다. 또 자신의 요구에 과도하게 정당성을 부여하는 탓에 불만이 많고 자주 투덜거리며 불평을 일삼는다. 다른 사람을 있는 그대로 바라보지 못하고 항상 자신의 입맛에 맞게 편집한 기준으로 재단하기도 한다.

반대로 자기수용형 인간은 다른 사람을 자신이 원하는 틀

안에 가두어 바라보지 않는다. 다시 에이브러햄 매슬로의 말을 빌려보자. 그는 『동기와 성격』에서 자기실현형 인간은 현실을 자신이 원하는 모습이 아니라 있는 그대로 바라본다고 말했다.

상대방이 자신이 기대하는 모습으로 있어주기를 바라는 사람과 있는 그대로의 모습으로 상대방을 바라보는 사람은 인간관계를 맺는 방식이 전혀 다르다. 자신의 틀로 다른 사람을 보는 사람은 자신에게 맞춰주지 않는 사람에게 불만을 품고 그를 비난한다. 반면 있는 그대로의 모습으로 다른 사람을 바라보는 이는 불만을 드러내거나 비난하지 않는다.

예를 들어 다른 사람에게 자신이 기대하는 모습을 보여주고 싶어 하는 두 사람이 있다고 해보자. 이 둘의 이해가 일치하는 동안에는 자신들이 나름대로 정한 기준을 정당하게 여기며 다른 사람에게 적용한다. 이때 그들은 자신들의 장단에 맞춰주지 않는 사람을 '나쁜 사람'으로 여기며 비난하고 매도한다.

그러나 두 사람의 이해가 서로 충돌할 경우 예기치 않은 일이 벌어질 수도 있다. 무엇보다 두 사람 모두 자기 자신뿐 아니라 다른 사람도 받아들이지 못한다. 둘 다 상대방이 자신이 원하는 모습을 보여주는 동안에만 의기투합할 수 있기 때문이다.

둘은 서로의 인품에 끌리지 않았고 서로의 모습을 있는 그대로 받아들이지도 않았다. 어쩌다 자신의 신경적 자존심을 위협하는 사람을 둘 다 불쾌하게 여기면서, 말하자면 공통의 적이 생기면서 일시적으로 이해가 일치했을 따름이다.

두 사람 모두 세상의 가치가 자신의 신경증적 자존심에 생채기를 낼까 봐 전전긍긍한다. 그러므로 세상의 가치관을 '신포도'로 치부하며 그 위협을 배제하려 안간힘 쓰는 과정에서 손을 잡았을 뿐 서로의 실제 모습을 받아들인 것은 아니기 때문이다.

## 상대방을 있는 그대로
## 받아들일 능력을 먼저 갖춰라

가만히 살펴보면 주위 사람들에게 바라는 것이 참 많은 사람이 있다.

'너(아들이나 딸)는 이렇게 해야 해, 이렇게 했으면 좋겠다.'

'모름지기 부하직원이면 이렇게 해야지, 이렇게 했으면 좋겠다.'

'동료라면 이렇게 해야지, 이렇게 했으면 좋겠다.'

부모나 상사, 혹은 동료에게 미움 받지 않을까 두려워하는 사람에게 '이렇게 했으면 좋겠다'라는 요구는 강한 압박으로 다가온다. 하지만 표면적으로 이것은 이상적인 관계로 보일 수도 있다.

하지만 자세히 들여다보면 양쪽 모두 결핍이 동기로 작용해 있는 그대로의 모습으로 서로를 인정하지 못하고 거부한다. 이런 유형의 사람 중 마음속으로는 거부감을 느끼며 서로 미워하는 경우가 많은 것은 그런 이유에서다.

이처럼 '관계'라는 게 쉽지 않다 보니 자신이 좋아하는 사람을 찾는 것이 생각보다 어렵다. 자신이 어떤 사람을 좋아하는지 모른 채 평생을 보내는 사람도 있다. 심지어 자신이 의식적으로 좋아한다고 생각하는 사람을 무의식 영역에서는 미워하는 사람도 적지 않다.

우리는 무의식중에 사귀기 쉬운 사람과 관계를 맺는데, 그러다가 자신에게 더 깊은 상처를 남기곤 한다. 마음속으로 자신이 다른 사람에게 거부당한다고 느낄수록 자신을 억누르고 상대방의 관심과 사랑을 갈구한다. 한발 더 나아가 있는 그대로의 자신을 무가치하다고 여길수록 허세를 부린다. 즉, 연극을 하거나 다른 사람을 미워하는 마음을 품고 살거나 비열하게 행동하거나 일부러 거들먹거리는 것이다. 그 기준이 되는 원천은 '나는 거부당한 사람'이라는 느낌이다.

그 모든 문제를 해결해주는 것은 상대방을 있는 그대로 받아들일 능력을 갖춘 사람과의 관계다. 그런 사람과 관계를 맺어야 인생과 자신에 관한 굳건한 믿음을 되찾을 수 있기 때문이다.

“네가 내 아이라면 마땅히 이렇게 해야지”라는 말을 입버릇처럼 하는 부모 밑에서 자란 사람은 “네가 내 친구라면 마땅히 이렇게 해줘야지” 하고 바라는 사람과 친구가 되거나 “부하직원이라면 이래야지”라고 요구하는 상사에게 다가간다. 이 유형의 사람은 상처받고 무시당하면서도 자신의 부모, 친구, 상사를 의식적으로 따른다. 그러나 내면적으로는 적의가 켜켜이 쌓이면서 마음이 병들어간다.

## 자기 자신을 존중하는 것보다
## 무시하는 것이 더 쉬운 이유

자기 자신에게 상처를 주며 사는 사람은 불행하게도 다른 사람에게 상처를 주는 사람과 쉽게 관계를 맺는다. 정확히 말하자면, 그는 자신을 부정하는 사람과 일상적으로 어울린다. 예를 들어 마음속으로 ‘나는 머리가 나쁘다’라고 생각하면서도 그 사실을 인정하지 않고 머리가 좋은 사람인 척 연기한다. 왜 그럴까? 이런 사람일수록 머리가 나쁜 사람을 경멸하기 때문이다.

이 사람은 마음속으로 느끼는 자신을 스스로 부정하고 경멸한다. 또 그는 머리 나쁜 사람을 경멸하고, 자신은 머리가 좋은 척 자신과 다른 사람을 상대로 연기하므로 머리 나쁜 사람을 경멸하는 사람 A에게 자기도 모르게 끌린다.

그는 A와 자주 어울릴수록 자신에게 더욱더 깊은 상처를 준다. 마음속으로는 자신이 머리가 나쁘다고 생각하면서도 머리 나쁜 다른 사람을 경멸하기 때문이다. 더구나 A에게도 분명 약점이 있지만 그것이 눈에 잘 들어오지 않고 A 앞에만 서면 왠지 모르게 비굴해진다. 물론 A가 훌륭한 사람이라면 상관없겠지만 그럴 가능성은 높지 않다. 사실 마음속으로 갈등하는 사람이 매력을 느끼는 사람치고 훌륭한 사람은 많지 않다.

마음속으로 갈등하는 사람, 즉 자신을 보지 못하는 사람은 다른 사람도 보지 못한다. 이를테면 A에게 인간적으로 이런 저런 결점이 있어도 눈 뜬 장님처럼 보지 못한다. 오히려 A가 머리 나쁜 사람을 무시하면 덩달아 그 사람을 무시한다.

이때 겉으로는 그 사람을 무시하는 듯하지만 실은 자기 자신을 무시하는 셈이다. 안타깝게도 자신을 존중하는 것보다 무시하는 것이 쉽다. 특히 태도가 거만한 사람은 자신을 쉽게 무시한다.

부자들 사이에 끼고 싶어 안달이 난 사람은 자신은 그들만큼 부자가 아니면서도 마치 자기가 부자라도 되는 듯 가난한 사람을 멸시한다. 이때 그는 자기 자신을 경멸하는 것이나 다를 게 없다. 이런 사람은 인격이 훌륭한 부자와는 좀처럼 어울리지 않는다. 그보다는 다른 사람을 경멸하는 행동을 통해 자기 자존심을 지키려 하는 비겁한 부자들과 쉽게 어울린다.

자기 자신을 부정하는 사람은 자신을 부정하는 사람들과 어울리고 자기거부형 인간은 다른 자기거부형 인간과 어울리게 마련이다. 자신에게 상처를 주는 사람은 역시 자신에게 상처를 주는 사람에게 끌린다. 허세를 부리는 사람이 허세로 똘똘 뭉친 사람과 어울리는 모습을 자주 보게 되는 이유가 여기에 있다.

TRASH

CHAPTER

# 03

# 당신을 심리적으로 억압하는 사람과 결별하라

Counseling

17

# 감정과 죄책감을 무기로 자녀의 인생을 조종하는 어리석은 부모는 되지 마라

상담자

"저희 부모님은 저와 제 형제들이 다른 집 부모와 비교하며 당신들을 위대한 부모로 칭송해주기 바랐습니다. 그리고 다른 부모와 비교하며 당신들이 자식을 얼마나 사랑하는지 깨닫고 감사해주길 원했습니다. 이런 심리를 어떻게 해석해야 할까요?"

심리학자

"당신의 부모님은 정서적 욕구가 큰 유형일 가능성이 있습니다. 이 유형의 사람은 온 가족의 관심이 자신에게 쏠리기를 기대하며, 그것이 충족되지 않을 경우 크게 실망하고 예민해집니다."

## 불쾌한 감정을 유발해 상대방의 행동을 바꾸려는 시도는 불쾌한 결과를 낳는다

사람들은 때로 다른 사람의 변화를 기대하며 불쾌한 감정을 이용한다. 구체적인 예를 들어보자. 자꾸 한눈을 파는 연인의 못된 행동을 고쳐놓으려고 볼썽사납게 산발을 하고 가슴을 쥐어뜯으며 울면서 일부러 자신의 비참한 모습을 보여주는 사람도 있다. 그 사람은 서럽게 흐느껴 울며 연인이 뉘우치고 자신에게 돌아오도록 만들려고 한다.

그 사람은 왜 그런 행동을 할까? 상대방에게 죄책감을 안겨주려는 의도에서다. 이처럼 다른 사람을 변화시키려 할 때 상대방에게 죄책감을 안겨주고 싶어 하는 것이 인지상정이다. 상대방이 죄의식을 느끼게 되면 그로 인해 스스로 행동을 바꿀 수 있다고 믿기 때문이다.

그러나 불쾌한 감정을 유발해 다른 사람의 행동을 바꾸려 하는 사람은 자신이 상대방에게 뭔가를 요구하고 있다는 사실을 인지하지도 인정하지도 않는다. 비참하고 불쾌한 감정에 젖어 상대방이 죄의식을 느끼도록 유도하면서도 그 사실을 인정하지 않는 것이다.

아이가 부모의 기대대로 심부름을 정확히 해내지 못했다고 해보자. 이때 부모는 땅이 꺼지도록 한숨을 내쉬면서 무척 실망한 표정으로 비참한 감정에 빠진다. 이는 아이가 죄의식을 느끼도록 조종해 태도를 바꾸게 하려는 것이나 마찬가지다. 바로 이것이 '강요'다. 그러나 부모는 절대로 아이의 죄의식을 담보로 태도를 바꾸라고 요구했음을 인정하지 않는다.

어떤 사람과 같이 있으면 이상하게도 마음이 답답해질 때가 있다. 상대방이 표정으로 감정을 드러내며 어떤 행동을 하라고 암묵적으로 요구하는 경우가 대표적이다. 하지만 상대방은 절대로 무엇을 어떻게 하라고 말하지 않고 자신이 뭔가를 요구한다는 사실도 인정하지 않는다. 말로 확실하게 표현하지 않고 상대방을 은근히 구속하는 유형이 여기에 속한다.

부모가 이런 유형이면 자녀는 평생 죄의식에 시달리며 괴로워하는 사람으로 자라기 쉽다. 이런 부모는 말로 확실히 뭔가를 요구하지 않고 언제나 불쾌한 감정을 동원해 아이의 행동을 통제하려고 한다. 그러다 보면 아이는 가만히 있으면 안 될 것 같은 묘한 기분에 사로잡힌다.

아이가 부모의 뜻대로 움직여주지 않을 경우 부모는 자못 슬픈 표정으로 아이를 바라본다. 부모에게 자기 존재를 각인

시키기 위해 부모를 기쁘게 해주려는 아이는 그 슬픈 표정에 겁을 먹는다. 부모가 착한 아이라며 머리를 쓰다듬어주는 행동은 아이에게 자기 존재를 인정받는 기쁨을 선사한다.

반대로 부모가 불쾌한 감정을 동원해 아이를 지배하려 할 때 아이는 끊임없이 위협에 노출된다. 부모가 슬퍼하는 모습과 실망스러워하는 모습은 아이가 부모에게 원하는 존재 인식을 부정한다. 이때 아이는 자신이 원하는 인정 자극(stroke)을 얻지 못하며, 아이는 앞으로도 계속 인정 자극을 얻지 못할까 두려워한다.

## 정서적 욕구가 강한 부모는 왜 자녀를 소유하려 할까?

아이가 '자유롭다'라는 말을 어떻게 해석해야 할까? 나는 아이가 자기 기분에 따라 솔직하게 행동해도 부모가 머리를 쓰다듬으며 인정해준다는 뜻으로 해석하고 싶다. 그게 아니라 아이가 자기 기분을 억눌러야 부모가 머리를 쓰다듬으며 인정해준다면 그것은 아이에게 자유로움이 없는 상태라고 보아도 좋다.

아이의 머리를 쓰다듬어준 부모는 자신이 아이에게 사랑

을 주었다고 믿는다. 특히 어리광 욕구가 강한 의존적 성향의 부모가 이런 성향을 보인다. 때론 아이가 껌딱지처럼 달라붙기를 바라거나 아이가 자신을 돌봐주기를 원하는 부모도 있는데, 이 경우 부모와 자녀의 입장이 뒤바뀐다. 미국의 교류분석 권위자 뮤리얼 제임스는 이 같은 부모를 '정서적 욕구가 강한 부모'로 분류한다.

이러한 부모는 평생 아이가 자신에게 신경 써주기를 바라며 아이의 관심을 독차지하고 싶어 한다. 부모가 뭔가를 했을 때 아이가 "와, 대단해요!"라고 칭찬해주지 않으면 부모는 심기가 불편해진다. 또 아이가 이웃집과 비교하며 자신을 위대한 부모라고 칭찬해주길 기대한다. 그뿐 아니라 다른 부모와 비교해 부모가 아이를 얼마나 많이 사랑하는지 깨닫고 감사해주길 원한다.

정서적 욕구가 강한 부모는 온 가족의 관심이 자신에게 쏟아지기를 기대한다. 아버지는 사회생활이 얼마나 고달픈지 아이에게 호소해 깊은 인상을 심어주려 애쓴다. 아버지가 얼마나 괴로운 경험을 했는지 털어놓으면 아이는 동정을 표해야 하고 괴로움을 무릅쓰고 자신을 보호해주는 아버지에게 감사해야 한다.

이처럼 자신이 힘들다고 주위 사람들에게 하소연하며 동정을 원하고 관심을 갈구하는 사람 역시 불쾌한 감정을 동원해 다른 사람을 조종하려 한다. 특히 정서적 욕구가 강한 부모는 아이의 감정을 칭칭 얽어매고 구속한다. 부모는 불쾌감을 이용해 아이의 행동뿐 아니라 감정까지 구속한다.

정서적 욕구가 강한 부모는 언제나 가족이 떠받들어주지 않으면 직성이 풀리지 않는다.

"회사에서 일하느라 힘드셨죠?"

"우리 아빠가 최고예요!"

"당신은 정말 멋진 사람이에요!"

"욕조에 물 받아놨어요. 들어가서 몸을 푹 담그면 피로가 좀 풀릴 거예요."

"소화가 잘되는 음식을 만들었는데, 좀 드셔보세요."

어쨌든 가족이 자신에게 신경 써주지 않으면 언짢아한다. 또 자신이 일을 마치고 집에 돌아왔을 때 가족이 반갑게 맞아주지 않으면 서운해하고 못마땅해한다.

"온종일 일하느라 수고하셨어요!"

가족은 동정과 관심을 받고 싶어 하는 부모의 욕구를 충족해주기 위해 다양한 형태로 성의를 표시해야 한다. 심지어 신문도 챙겨주어야 한다.

"신문을 가져다드릴까요?"

아버지가 소파에서 엉덩이라도 들라치면 손사래를 치며 온 가족이 나선다. 가족이 모두 나서서 한바탕 법석을 떨어야 비로소 표정이 풀리니 말이다.

"피곤하실 텐데, 제가 할게요."

정작 자신은 어리광 욕구를 말로 표현하지 않는다. 예를 들어 마당의 잡초를 뽑아야 한다고 해보자. 마음속으로는 가족 중 누구라도 나서서 도와주었으면 좋겠다고 생각하지만 도와 달라고 말하지 않는다. 그러면 어떻게 할까? 불쾌감을 동원해 다른 사람을 움직이는 야비한 수를 쓴다.

혼자서 비지땀을 흘리며 잡초를 뽑는 틈틈이 서글프고 고독한 모습을 연기하며 유세를 부리는 식이다. 그 서글픈 모습을 본 가족은 죄의식에 앉은 자리가 가시방석처럼 느껴져 잽싸게 일어나 일손을 거든다. 아버지의 서글픈 모습은 엄청난 무언의 강요라서 자녀는 도저히 거부하지 못한다. 자녀는 부모의 인정 자극을 원하기 때문이다. 부모에게 인정 자극을 원치 않을 경우 그 억지스러운 서글픔에 저항할 수 있지만 대개는 그러지 못한다.

사실 이런 부모는 자녀를 사랑한다고 보기 어렵다. 자기 내면의 어리광 욕구에 신경 쓰느라 자녀의 내면에 있는 어리광 욕구는 눈치 채지 못한다. 자신의 욕구불만 해소에만 온통 정신이 팔려 자녀의 마음 따위는 이해할 겨를이 없다. 결국 필요한 인정 자극을 얻지 못한 자녀는 필사적으로 부모를 기쁘게 함으로써 인정 자극을 얻으려고 한다.

정서적 욕구가 강한 부모는 그 욕구를 충족하기 위해 자녀를 이용한다. 가족 중에 자신을 알아주는 사람이 하나도 없다는 외로움, 어려움을 견뎌야 하는 괴로움, 자식이 자신을 대접해주지 않는다는 비참함 등 갖가지 불쾌한 감정을 동원해 자녀의 죄의식을 자극함으로써 자녀를 소유하려 한다. 불쾌감에는 마력이 있다. 부모는 불쾌한 감정을 이용해 자녀의 몸과 마음을 지배한다.

결국 자녀는 이유 없이 뿌리 깊은 죄의식에 사로잡혀 괴로워한다. 어른이 되어도 자존감이 없어서 자신은 있는 그대로 받아들여질 수 없다고 여기며 고달픈 삶을 살아간다. 그리고 여기서 한발 더 나아가 있는 그대로의 자신으로 만족하지 못하고 뭔가 다른 방향을 향해 자신을 몰아세우고 다그친다.

## 부모를 기쁘게 하고 인정받으려면
## 부모가 바라는 죄의식을 느껴야 한다?

현재에 안주하지 못하는 사람은 '지금 여기'에 있는 자신을 심리적으로 도저히 견뎌내지 못한다. 그래서 계속 앞으로 나아가자고 채근하지만 이는 목적 없는 도주이자 이유 없는 도주다. 겉보기에 여기에는 아무런 이유가 없으나 그 내막을 보면 지금 여기에 있는 자신을 향한 죄의식이 깔려 있다.

이런 사람은 '지금 여기'에 있는 자기 자신을 끊임없이 책망하며 살아가지만 왜 자신을 탓하는지 이유를 알지 못한다. 그저 지금 여기에 있는 자신을 탓하지 않고는 견딜 수 없을 따름이다.

부모를 기쁘게 하고 인정받으려면 부모가 바라는 죄의식을 느껴야 한다. 그런데 애정 욕구를 충족하지 못한 사람은 부단히 누군가를 탓하고 원망한다. 이때 애정 욕구를 채우지 못한 누군가에게 인정받고자 하는 사람은 불만이 많은 사람에게 시달린다는 느낌도 받지 못한다.

어떤 사람이 주위 사람을 탓해도 모두가 그 사람이 자신을 탓한다고 느끼는 건 아니다. 어떤 사람은 그걸 느끼지만 또 다른 사람은 전혀 느끼지 못한다. 인정 욕구를 채우려는 아이는 느끼는 쪽이다. 죄의식이나 죄책감은 생각보다 끈질긴 법이다.

Counseling

18

# 꽁꽁 봉인해둔 감정을 자유롭게 풀어주고 자기 내면의 진실한 모습과 마주하라

상담자

"왜 저는 아무 이유 없이 지금 이대로의 자신을 받아들이지 못할까요?"

심리학자

"'금지당했다'라는 감각이 남아 있기 때문입니다. 그것은 자신이 '피해자'라는 감정입니다. 이 감정은 어린 시절부터 실제로는 피해자의 위치에 있었으면서도 자신이 피해자라고 느끼지 못할 때 생깁니다."

## 상대방을 암묵적 가해자로 만들고 자신을 피해자로 만드는 사람들을 조심하라

불쾌한 감정으로 다른 사람의 행동을 바꾸려 하는 사람은 자신을 피해자 입장에 놓고 상대방을 조종하고 지배하려 한다. 말하자면 이 사람은 자신을 피해자, 상대방을 가해자 위치에 놓는 셈이다.

이 유형의 사람은 때론 말을 통해, 또 때론 침묵으로 암묵적 가해자 만들기에 나선다. 침묵으로 가해자를 만드는 상황을 좀 더 설명하자면 '나를 이처럼 서글프게 만든 사람은 바로 너다'라고 침묵시위를 하는 식이다. 자신을 힘들게 한 상대방을 탓하고 비난한다는 의미다. 즉, 자신은 언제나 불쾌함과 쓰라림을 맛보는 피해자이고 상대방은 자신을 고통스럽게 하는 가해자라는 왜곡된 관계를 설정하는 것이다.

'너 때문에 내가 슬프고 너 때문에 내가 괴롭다!'

'네 탓에 화가 나고 네 탓에 나는 견딜 수 없는 아픔을 참고 살아야 한다!'

이런 식으로 자신을 희생자로 포장하는 부모 밑에서 자란 사람은 있는 그대로의 자신을 받아들이기 어렵다. 지금 여기에 있는 자신은 항상 다른 사람을 위해 희생하며 산다는 의식이 생기기 때문이다.

우울증, 혹은 넓게 보아 신경증적 증상에 시달리며 자책하는 사람, 즉 자신이 불완전하다는 생각으로 고민하는 사람은 어려서부터 꾸준히 자신에게 주입된 메시지를 언어화한다. 어쩌면 어린 시절부터 지속해서 책망받고 억압받으면서도 그 사실을 느끼는 것조차 금지당했을 수도 있다.

자신을 희생자의 위치에 놓고 피해자 입장에서 주위 사람들을 조종하려는 사람은 자신이 요구하는 대로 다른 사람의 행동이 바뀌면 만족할 것 같지만 그렇지 않다. 그는 "나는 피해자이고 너는 가해자이니 반성하라"라고 말하고는 상대방이 정말로 반성하는 태도를 보이면 도리어 화를 낸다. 그럼 그는 어떤 상황에서 만족할까? 상대방이 주도적으로 반성하고 미안한 마음에 스스로 태도를 바꿀 때 그제야 겨우 만족한다.

불쾌감으로 상대방을 탓하면서 그 사실을 인정하지 않고 상대방이 책망받는다는 사실조차 느끼지 못하도록 금지하는 것이다. 가령 부모는 아이를 꾸짖으며 아이가 꾸지람 듣는다는 사실을 느끼지 못하도록 금지령을 내린다. '나는 비참한 희생자다', '나는 너를 위해 희생했다'라고 유세를 부리는 부모가 정작 아이에게 자신이 그런 인상을 심어주었음을 느끼지 말라고 강요하는 셈이다.

이런 상황에서 아이는 어떻게 느껴야 할까? '아버지는 나를 위해 희생하면서도 희생자의 표정을 짓지 않았다. 나는 아버지를 희생양으로 삼는 못난 아이다'라고 느끼면 아버지에게 인정 자극을 받지 못한다.

아버지는 아이에게 자신이 불쾌한 감정을 강요당하고 있다고 전한다. 그리고 자신이 불쾌감을 느끼는 건 모두 아이 때문이라고 알려준다. 그와 동시에 그런 느낌을 느껴서는 안 된다고 금지령을 내린다. 결국 아이는 '아버지를 불쾌하게 만들어 죄송하고 면목이 없다'라고 반성하지만 그 반성은 아버지가 자신에게 요구한 것이 아니라고 느낀다.

### '금지당했다'라는 감정에서 자유로워져야<br>'나는 피해자'라는 올무에서 벗어날 수 있다

아무 이유 없이 지금 이대로의 자신을 받아들이지 못하는 까닭은 뭘까? 그 이유는 '금지당했다'는 감각이 있기 때문이다. 그렇다면 '금지당했다'라는 감정은 뭘까? 자신이 피해자라는 감정이다. 이 감정은 어린 시절부터 실제로는 피해자 위치에 있었으면서도 자신이 피해자라고 느끼지 못했을 때 생긴다. 왜 그럴까? 자신이 피해자라고 느끼는 순간 상대방이 가해자가 되어버리기 때문이다.

피해자는 실제 가해자는 제쳐놓은 상태에서 자신이 가해자라고 느끼기를 자기 자신에게 강요당한다. 이것이 진실이다. 그럼 어떻게 해야 할까? 이제부터라도 그가 마음의 병에서 회복하고 싶다면 오랫동안 금지당해온 감정에서 자유로워져야 한다.

피해자는 왜 가해자가 되기를 선택했을까? 부모에게 자신의 존재를 인정받지 못하기 때문이다. 인정 자극을 원하는 아이는 부모에게 인정받기 위해 자신이 느끼는 대로 느껴서는 안 되었다. 바로 그것이 가장 중요한 원인이다.

어린아이는 원숙한 존재가 아니라 약하고 무책임한 존재다. 아이는 어린 시절에 무슨 일이 생기면 곧바로 남을 원망한다. 무슨 일이든 다른 사람 탓으로 돌리고 책임을 회피하려 한다. 그런 시기를 거치며 자기 일을 스스로 책임지는 어른으로 자라는 법이다.

어린 시절부터 어른스러운 행동을 하고 어른스러운 태도를 보이는 것은 부자연스럽다. 이유 없이 막중한 책임감을 자신에게 부여하고 그 때문에 시달리는 사람은 이 부자연스러운 상황을 겪고 있는 셈이다. 무슨 일이 있어도 다른 사람이 아닌 자신을 탓하는 이 사람은 겉보기에는 훌륭하다.

그러나 이런 사람의 마음 깊은 곳은 어린아이와 큰 차이가 없다. 이 사람의 마음속에는 어린아이의 연약함, 책임 회피, 남을 탓하는 성향, 어리광, 독선 같은 감정이 똬리를 틀고 있다. 이것은 겉으로 드러나지 않으며 오히려 인격적으로는 훌륭한 모습을 보여준다. 그처럼 인격적으로 훌륭한 모습은 이 사람의 본모습이 아니다. 부모에게 인정 자극을 받기 위해 무조건 지시에 따라야 했던 그 사람의 본질은 '복종'이다. 그게 전부다.

마음 깊은 곳의 본질은 어린 시절 그대로다. 제멋대로 남을 탓하는 성향이 남아 있음에도 표면적으로는 그럴듯하게 포장하고 처신하느라 신경질적인 책임감으로 괴로워한다. 정말로 정서가 성숙하고 강인해서 책임질 줄 아는 사람은 자책감에 시달리지 않는다. 내면에서 끊임없이 솟아나는 자기부정과 자책감에 허덕이지도 않는다.

부모에게 "너 때문에 불쾌한 감정에 시달린다"라고 꾸중을 들은 아이는 어른이 되어서도 죄책감을 안고 살아간다. 그는 이후로 그 상태에서 한 발짝도 더 앞으로 나아가지 못한다. 자책감에 시달리는 사람, 자신을 벌하는 경향이 있는 사람, 자기비하가 몸에 밴 사람은 자신을 탓함으로써 다른 사람에게 훌륭한 인간으로 인정받으려 애쓰는 데 지나지 않는다.

## 자신이 평범한 어린아이의 연약한 면을 지닌 존재임을 받아들여라

자신을 못나고 부족한 사람이라고 자책하는 마음을 버리고 마음의 평안을 찾고 싶다면 달라져야 한다. 먼저 자신이 피해자임을 인정하는 일부터 시작하라. 진정한 감정을 느끼지 못하도록 꽁꽁 봉인해둔 감정을 자유롭게 풀어주어라. 또한 비록 자신이 육체적으로는 성인일지라도 대단한 사람은 아니며, 아직 평범한 어린아이의 연약한 면을 지닌 존재임을 받아들여라. 그리고 여기서 한발 더 나아가 자신을 탓하거나 벌하거나 비하하지 않고 다른 사람에게 훌륭한 모범이 되는 사람임을 인정받으려는 몸부림을 멈춰라.

지금까지 자책이라는 말을 사용했지만, 사실 이 사람은 심각한 자책감에 시달린다기보다는 책임을 회피하려 하는 사람에 더 가깝다. 쉽게 말해 그는 자책을 도구로 책임에서 벗어나고자 하는 것이다.

그렇지만 자신을 계속 비하하거나 자책감을 안고 살면 평생 피해자 역할에서 벗어날 수 없다. 부모에게 인정받고 싶고 인정 자극이 필요해서 피해자가 되었을 경우 계속해서 피해자 역할을 선택하는 경향이 있다. 그것이 심리적으로 편한 방법이기 때문이다.

가해자이면서 피해자인 척하는 사람, 피해자이면서 짐짓 자책하는 모습을 보이는 사람은 모두 마음이 약한 사람이다. 자기 자신을 믿고 의지하는 사람은 자신을 공들여 포장해서 다른 사람에게 좋은 인상을 주려고 애쓰지 않는다.

지금 있는 그대로의 자신이 충분히 괜찮은 사람이라고 느끼지 못하는 건 자신을 그럴 듯하게 포장하려는 헛된 노력을 멈추지 않기 때문이다. 어쨌든 자기 자신에게 다른 사람의 불쾌한 감정을 마음에 담아둘 필요가 없다고 반복해서 일러주어야 한다.

Counseling

19

# '칭찬 백신'으로 '죄책감 바이러스'를 치유하라

상담자

"저는 다른 사람에게 칭찬받는 상황이 힘들고 어떻게 대응해야 좋을지 몰라 애를 먹곤 합니다. 쑥스러워 몸 둘 바를 모르기도 하고 솔직하게 '감사합니다'라는 말이 입 밖으로 잘 나오지 않습니다. 왜 그런 걸까요?"

심리학자

"한마디로 칭찬받는 일에 서투르기 때문입니다. 또 어린 시절부터 자신을 비하하고 자책감을 드러내는 행동을 하면 오히려 다른 사람에게 좋은 인상을 심어줄 수 있다고 믿어왔기 때문일 수도 있습니다. 이런 사람의 심리는 건강하지 못합니다. 그러니 다른 사람의 칭찬을 있는 그대로 받아들이고 고마움을 표시하는 훈련을 꾸준히 해보세요."

## 상대방에게 칭찬을 받으면 있는 그대로 받아들이지 못하고 부정하는 이유

자기 자신을 비하하거나 자책으로 자신의 가치를 확인하려 하는 사람은 다른 사람에게 칭찬을 받으면 어떤 반응을 보일까? 대부분 있는 그대로 받아들이지 못하고 부정한다. 왜 그럴까? 그가 자신을 비하하거나 자책감을 드러내는 행동을 하면 오히려 다른 사람에게 좋은 인상을 줄 수 있다고 믿기 때문이다. 아무튼 이런 유형의 사람은 누군가에게 칭찬받으면 당황하거나 불편해하는 경우가 많다.

실제로 우리 주위에는 다른 사람에게 칭찬받으면 "아뇨, 그 정도는 아니에요"라며 몹시 쑥스러워하거나 몸 둘 바를 몰라 하는 사람이 많다. 묘하게도 솔직하게 "감사합니다!"라는 말이 입 밖으로 나오지 않는다. 이런 이가 다른 사람의 칭찬에 순순히 고마움을 표하지 못하는 이유는 뭘까? 칭찬을 받아들이면 뻔뻔한 사람이라는 인상을 주거나 잘난 척하는 사람으로 오해를 살까 두렵기 때문이다.

재밌게도 누군가가 패션 감각이 있다고 칭찬해주면 몸 둘 바를 몰라 하다가 애써 화제를 전환하는 이런 사람도 다른 사람에게 옷차림을 지적받으면 파르르 떨며 무척 민감하게 반응한다.

다른 사람에게 직접 칭찬받았을 때 기쁘기에 앞서 왠지 불안해하는 사람도 칭찬이 기쁘지 않은 건 아니다. 누구나 칭찬받으면 당연히 기쁘고, 계속 칭찬받고 싶은 게 인지상정이다.

이런 사람과 대화할 때는 그 자신과 관련된 이야기를 곧이곧대로 받아들여서는 안 된다. 자신을 비하한다고 "아, 그러셨어요?"라고 대꾸하면 상대방은 금세 뾰로통해진다. 속으로는 자신의 아름다움을 뿌듯해하면서도 겉으로는 "제가 워낙 못생겨서요!"라고 말하기 때문이다. 자신의 영어회화 실력을 속으로는 높이 평가하면서 입으로는 "제가 영어회화 실력이 부족해서요"라고 말하기도 한다. "어휴, 엄청 잘하시던데요. 그렇게 잘하면서 못한다고 하면 이 세상에 영어회화 잘하는 사람이 어디 있겠어요?"라고 말해주길 기대하며 "저는 못해요"라고 말하는 것이다.

일단 자신을 깎아내린 뒤 상대방이 부정하면 그것으로 인정 자극을 얻으려는 속셈이다. 만약 자신을 비하하기 전에 상대방이 선수를 쳐서 칭찬해주면 불안해져서 몸 둘 바를 모른다. 순서는 언제나 판에 박힌 듯 똑같다. 먼저 자신을 비하하는 일로 출발한다.

왜 그럴까? 왜 상대방의 칭찬을 있는 그대로 받아들이고 기뻐하지 못하는 걸까? 거만한 사람이라고 여겨질까 두렵거나 주위의 질투를 겁내는 마음이 있어서다. 그러나 이 설명에는 여전히 석연치 않은 구석이 남아 있다.

나는 그들이 마음속에 죄책감을 안고 살아가기 때문이라고 생각한다. 왜 죄책감을 안고 사는 사람들은 누군가에게 칭찬받으면 불편해하고 마음의 평안을 잃어버릴까? 앞에서 설명했듯 특별히 나쁜 짓을 하지 않고도 죄책감을 안고 사는 까닭은 어린 시절 부모를 비롯한 주위 어른들에게 질리도록 강요당하고 조종당했기 때문이다. 부모의 불쾌감 표현으로 자신의 행동을 바꿔야 했던 경험도 그 원인 중 하나다.

설령 칭찬을 받았어도 칭찬한 사람에게 조종당한 경험이 많을지도 모른다. 순수하게 칭찬받는 경험을 하지 못했을 수도 있다. 부모가 채근하여 제법 공부를 잘한 적은 있어도 자신의 노력 덕분에 순수하게 "잘했어!"라고 칭찬받은 경험은 거의 없을 수도 있다.

아예 '나는 칭찬받을 자격이 있다'라는 생각 자체를 하지 못했을 수도 있다. 직접 칭찬받으면 어떻게 반응해야 좋을지 몰라 당황한다. 마치 다른 사람을 속이는 것 같은 찜찜한 느낌을 떨쳐낼 수 없어서다.

## 상대방의 솔직한 칭찬에 기뻐하고 '나는 칭찬받을 가치가 있는 사람이야'라고 생각하라

사람은 그 사람 자체로 충분히 존재 가치가 있다. 아무런 꿍꿍이 없이 순수하게 "잘했어!"라는 칭찬을 받으며 자란 사람은 자신을 칭찬받을 가치가 있는 사람이라고 생각한다. 따라서 다른 사람에게 직접 칭찬받으면 쑥스러워하거나 머리를 긁적이며 멋쩍어하지 않고 떨떠름한 감정 없이 칭찬을 있는 그대로 받아들인다.

자기 존재를 두고 막연한 죄의식을 느끼면 칭찬을 받아도 순순히 기뻐하지 못한다. 아니, 자신은 칭찬받을 가치가 있다는 느낌 자체를 거부한다. 직접 칭찬받으면 거부하는 이유가 여기에 있다. 하지만 거부하면서도 칭찬받고 싶은 욕망이 있기 때문에 막상 칭찬해주지 않으면 뭔가 불만을 느낀다.

흥미롭게도 상대방이 멍석을 깔아주면 불안해하고 상대방이 선수를 치면 시시하게 여긴다. 상대방에게 먼저 가라고 양보한 뒤 막상 상대방이 앞서 나가면 불쾌해한다. 그렇다고 자신이 상대방보다 먼저 앞으로 나아가지도 못한다. 앞서서 가면 이상하게도 뒤통수가 따갑고 마음이 불편한 탓이다. 그래서 앞질러 수를 쓴다.

"저는 변변치 못한 사람입니다."

일단 자신을 비하하면 자기 존재를 향한 막연한 죄의식에서 벗어난다. 이때 자신을 비하하는 말을 상대방이 거부하는 형태로 간접적으로 칭찬을 받는다. 이런 유형의 사람에게는 이 순서가 필요하다.

쑥스러움이나 부끄러움을 잘 느끼는 사람은 마음속 어딘가에서 자기 존재를 두고 막연하게 죄의식을 품고 있다. 그러므로 이런 사람은 순수하게 기뻐해본 경험도 거의 없고 기뻐하는 순간에도 기쁨과 자신이 하나가 되지 못한다. 한편으로는 기뻐하면서 다른 한편으로는 기뻐하는 자신을 따라가지 못하고 구석에 동그마니 남아 있는 자신을 바라보는 느낌이다.

수줍음이 무척 많았던 나도 내 성격을 알고 나서야 다른 사람의 칭찬을 있는 그대로 감사히 받아들이게 되었다. 다른 사람이 칭찬할 때는 손사래를 치며 거부할 필요가 없다. 대놓고 칭찬을 받는 경우에도 당당히 받아들이면 그만이다. 그 칭찬을 부정하고 싶은 마음이 일어날 경우 '나는 칭찬받을 자격이 있는 사람이다. 칭찬을 당당히 받아들여도 괜찮아'라고 되뇌어보라.

칭찬받고 쑥스러워서 칭찬을 부정하기보다 싱글벙글 웃으며 기꺼이 받아들이는 사람이 훨씬 건강하다. 그리고 그것은 당신을 칭찬한 사람에게도 실례가 아니다.

"어휴, 칭찬받을 정도는 아니에요."

빈말로 칭찬을 부정하며 속으로 몰래 기뻐하는 사람이 훨씬 비겁하다.

## 당신 내면의 봉인된 감정 빗장을 열 수 있는 사람은 오직 당신 자신뿐이다

다른 사람의 칭찬을 거부하면 평생 자기 존재를 향한 막연한 죄의식에서 탈피할 수 없다. 다른 사람의 칭찬을 거부하는 사람은 다른 사람이 아니라 당신 자신이다. 당신이 나서서 다른 사람의 칭찬을 받아들이라고 스스로 고삐를 풀어주어야 한다. 지금 당신에게 칭찬을 받아들이지 말라고 금지하는 사람은 아무도 없다.

지금까지 당신은 수많은 일을 자신에게 금지해왔다. 휴식을 금지한 사람은 당신 자신이다. 자기 자신에게 쉬면서 좋아하는 일을 즐길 수 있는 시간을 마련해주어야 한다. 하고 싶은 일을 할 수 있는 자유를 자신에게 허락하라. 개중에는 다른 사람에게 헌신하는 일 말고는 할 줄 아는 게 없는 사람도 있다. 그것은 누가 시켜서가 아니라 스스로 자신이 그렇게 만든 것이다. 자기 자신을 위해 돈을 써도 좋다고 자신에게 허락해야 한다.

자신을 위해 돈을 쓰면서 "이것도 다 가족을 위해서"라고 애써 변명할 필요는 없다. 속으로는 자신을 위해 돈을 쓰고 싶으면서 말없이 참고 살면 불만이 쌓인다. 그러다가 다른 가족이 자신이 원하는 물건을 사면 "나 빼고 다들 제멋대로야. 자기밖에 몰라"라며 역정 내기 십상이다. 자신이 사고 싶은 것을 사지 않고 꾹 참으며 다른 사람이 돈을 쓸 때 꼬투리를 잡거나 생색내는 걸 편하게 여긴다.

자신이 가고 싶은 곳에 가는 걸 금지하는 사람도 다른 누구도 아닌 자기 자신이다. 자신이 '가고 싶은 곳에 가도록' 허락하는 것이 중요하다. 자신이 가고 싶은 곳에 가면 이상하게 마음이 불편해지는 사람도 있다. 나도 예전에 그랬다. 내가 가고 싶은 곳에 가려고 하면 좀처럼 발걸음이 떨어지지 않았다. 그때 나는 억지로 구실을 만들었다. 체력을 보충한다거나 평소 쌓인 스트레스를 해소한다는 등 다양한 핑계를 동원했다. 하지만 내가 가고 싶은 곳에 가는데 무슨 이유가 필요하겠는가. 가고 싶으면 가라. 그거면 충분하다.

나는 내가 하고 싶은 일을 하면 다른 사람에게 상처를 준다고 생각했다. 내가 가고 싶은 곳에 가면 사람들이 나를 제멋대로 사는 사람으로 여길 거라고 지레짐작했다. 그래서 마음이 조금도 즐겁지 않았다. 예를 들어 골프를 치러 가면 이상하게도 마음 한구석이 찜찜하고 와서는 안 될 곳에 왔다는 죄책감이 스멀스멀 기어 올라와 좀처럼 골프를 즐기지 못했다. 반면 출판사 사람들이 골프를 치러 가자고 초대해서 골프장에 가면 일을 하는 느낌이라 죄책감이 없었다. 덕분에 내가 제멋대로 사는 사람이라는 죄책감을 느끼지 않고 골프에 집중할 수 있었다. 내게도 한때 그런 시기가 있었다.

내가 뭔가를 즐긴다고 해서 다른 사람에게 상처를 주는 것은 아니다. 우리에게는 즐길 권리가 있다. 다만 어려서부터 '놀지 마', '일이나 해'라는 메시지를 줄기차게 주입당한 탓에 사람에 따라 뭔가를 즐기는 것에 죄의식을 느낄 뿐이다.

Counseling

20

# 스스로 '훌륭한 부모'라고 믿는 부모가 가장 위험하다

상담자

"무슨 일을 할 때 아무리 사소한 일이라도 누군가의 허락을 받지 않으면 마음이 불편해지고 불안해집니다. 이런 저를 위해 한마디 조언해주신다면요?"

심리학자

"다른 사람의 칭찬을 있는 그대로 받아들이고, 가고 싶은 곳에 가고, 자신이 가진 돈으로 갖고 싶은 것을 사고, 사람들과 술자리를 즐기고, 때론 아무것도 하지 않으며 빈둥거리며 늘어져도 좋다고 자신에게 말하라고 권해주고 싶어요."

## 다른 사람에게 허락을 구하려고 하지 말고 당신이 하고 싶은 일을 그냥 하라

술을 마실 때 사람들은 곧잘 '업무상'이라는 말을 붙이곤 한다. 왜 술자리에까지 굳이 일을 끌고 들어오는 걸까? 술을 마시며 즐기는 것은 나쁜 짓이 아니다. 그런데 술을 마시며 즐기는 시간 자체를 자신에게 허용하지 않는 사람이 있다. 그런 사람은 흔히 '업무상 술자리'라는 구실을 댄다.

다른 사람의 칭찬을 순순히 받아들이고, 가고 싶은 곳에 가고, 있는 돈으로 갖고 싶은 것을 사고, 술자리를 즐기고, 때론 아무것도 하지 않고 빈둥거리며 늘어져도 좋다고 자신에게 말하라. 이 모든 일에 일일이 구실을 갖다 붙일 필요는 없다. 가고 싶지 않아도 가거나 '상대를 위해서'라는 구차한 변명은 하지 마라.

내가 하고 싶은 일을 하는데 굳이 다른 사람의 허락을 받으려고 하지도 마라. 일일이 다른 사람의 허락을 구하고 묘한 이유를 갖다 붙이는 사람은 대체로 의존성이 강하다.

돈이 있어도 자신을 위해 한 푼도 쓰지 않는 사람, 가고 싶은 곳에 가지 않는 사람, 굳이 가야 한다면 가족을 대동할 핑계라도 대는 사람, 농땡이 한 번 피우지 않고 일개미처럼 성실하게 일하는 사람, 술을 마시며 놀 줄 모르고 일이 끝나자마자 집으로 돌아가는 사람은 다른 사람에게 칭찬받으면 곧바로 겸손하게 부정한다.

이런 사람은 주위에 어떤 영향을 줄까? 아마도 자신이 사고 싶은 물건을 사지 않고 아낀 돈을 다른 사람이 물처럼 써댄다며 남몰래 불만을 쌓고 있지 않을까.

자신이 가고 싶은 곳이 아니라 다른 사람이 가고 싶은 곳에 가면 재미없는 게 당연하다. 한순간도 게으름 피우지 않고 열심히 일만 하면 스트레스가 쌓여 얼굴에 늘 짜증이 덕지덕지 묻어 있게 마련이다. 퇴근길에 술 한잔 기울이며 피로를 푸는 재미도 없이 곧바로 집에 들어가면 무슨 인생의 낙이 있겠는가. 그저 뚱한 얼굴로 소파에 엉덩이를 붙이고 앉아 지루한 시간을 견디고 있을 따름이다.

교류분석의 대가이자 심리학자인 로버트 굴딩(Robert L. Goulding)은 자기 생일을 알려주지 않고 그날이 지나면 잊어버린 상대방에게 "내 생일인 줄 몰랐지? 서운한데!"라고 타박하는 사람을 사례로 든다.

아시아 문화권에서는 자기 이야기를 삼가는 것을 겸손한

태도로 보는 경향이 있다. 어느 정도는 옳은 생각이다. 하지만 다른 사람이 내 생일을 잊고 그냥 넘어가도 불만이 생기지 않을 정도의 자신이 있어야 합당하다는 얘기다. 정말로 겸손한 사람은 다른 사람이 자기 생일을 잊고 넘어가도 서운하다며 화를 내지 않는다.

자기 생일을 알려주지 않는 건 겸손해서가 아니다. 생일이 지난 뒤 서운하다고 불만을 터뜨릴 바에야 "다음 주 수요일이 내 생일이야. 잊지 말고 선물 챙겨줘"라고 직접 말하는 게 훨씬 낫다.

생일을 잊었다고 서운하다고 말하는 데는 잊은 사람에게 죄책감을 심어주려는 의도가 숨어 있다. 이는 불쾌감으로 다른 사람의 행동을 조종하려는 방식과 유사하다.

## '이상적인 아버지'로 추앙받는 그의 딸은 왜 조현병에 걸렸을까?

가장 안 좋은 경우는 자기감정에 빠져 아무 말도 없이 혼자 우거지상을 하며 상대방을 곤란하게 만드는 유형이다. 이는 자기 생일을 잊어버려 서운하다고 불만을 터뜨리며 상대방에게 죄책감을 심어주고자 맹비난하는 사람이다. 아무 말 없이 뚱한 표정으로 땅이 꺼지게 한숨만 내쉬는 사람은 더욱더 음험하게 상대방을 탓하는 유형이다. 이런 사람은 불행한 자신을 연기하며 상대방의 동정을 사려고 노력한다. 예를 들자면, 다 죽어가는 표정으로 "됐어요. 이미 지난 일이잖아요"라며 잊지 않고 마음속에 담아두었다가 수시로 상대방에게 비난의 화살을 돌리는 식이다.

이런저런 금기를 정해두고 자신을 옭아매는 사람은 겉으로는 그럴듯해 보여도 실제로는 불쾌감으로 다른 사람을 조종하거나 죄책감으로 다른 사람의 마음을 갈기갈기 찢어놓는 유형이다.

만약 겉보기에 멀쩡한 그 사람과 결혼해서 아이를 낳아 그가 아버지가 되면 어떻게 될까? 이상주의적인 부모가 되어 불가능에 가까운 일을 반복적으로 요구하여 가족의 마음을 짓밟는 파괴자가 될 가능성이 크다.

일본 정신과 의사 오코노기 게이고(小此木啓吾)가 엮은 『강좌 가족정신의학(講座 家族精神医学)』 제4권에 실린 논문 '일반 심리조사에 따른 가족 진단'에서 한 대목을 꼼꼼히 살펴보자.

조현병 환자를 둔 한 가정의 아버지는 식품가게 주인이다. 아이들은 지역의 교육위원이자 자연식품운동 강사를 맡고 있는 아버지를 우러러본다. 그런데 문제는 아이들이 아니라 바로 아버지에게 있다. 자영업자이자 교육위원인 그는 자신이

'이상적인 아버지' 역할을 해낸다고 주위 사람들에게 귀에 못이 박이도록 강조한다. 또 틈만 나면 가족에게 자신의 헌신을 강조하고 가족에게도 자신을 이상적인 아버지로 생각하도록 강요한다. 물론 아내 역시 자기 남편을 훌륭한 남편이자 아이들의 이상적인 아버지로 간주한다. 그렇지만 『강좌 가족정신의학』은 이 가족을 다음과 같이 묘사한다.

> 그러나 이 모범적인 아버지에게는 자신의 태도를 이상적이라고 인지하는 특이성이 있다. 또한 아내는 남편은 이러이러해야 한다는 이상적인 남편상과 현실의 남편을 완전히 동일시해 진정한 현실 검토가 전혀 이루어지지 않는다.

이 아버지는 겉보기에 확실히 이상적이다. 열심히 일하고 아내를 행복하게 해주고 싶다고 입버릇처럼 말하니 말이다. 단정할 수는 없지만 아마 집과 가게만 오가고 가끔씩이라도 옆길로 새서 친구들과 술을 마시며 흥청망청 놀 줄 모르는 바른생활 아버지이리라.

참으로 훌륭한 아버지다. 그런데 이 이상적인 아버지의 딸이 어째서 무조건 복종하며 뿌리 깊은 죄책감을 안고 살아갈까? 왜 딸은 조현병 환자가 되었을까? 『강좌 가족정신의학』에서는 이렇게 표현한다.

아버지 자신은 사회인으로서도 가장으로서도 항상 칭찬을 받았다. 그는 우수한 인격자, 다시 말해 바람직한 인격자가 되고자 하는 욕망이 매우 강하다.

아버지는 항상 칭찬을 받았다는데, 혹시 가족은 그에게 칭찬을 강요당하지 않았을까?

"우리 아버지는 가게도 운영하고 교육위원을 맡아 지역사회를 위해 봉사도 하셔. 어깨가 무거울 텐데 그 모든 짐을 지고 묵묵히 희생하는 슈퍼맨 같은 아버지야."

옆구리 찔러 절 받는 식으로 주위 사람들은 수시로 칭찬을 강요당하지 않았을까? 듣고 싶은 칭찬을 들려주지 않을 때 그 아버지는 어떻게 반응할까?

"내가 이토록 열심히 하는데 알아주는 사람 하나 없고…… 서운해서 살 수가 없네!"

이런 식으로 불쾌감을 강하게 드러내지 않았을까.

이렇게 불쾌감을 드러내면 가족은 아버지를 이해하고 칭찬하지 않은 자신들의 무심함에 죄책감을 느낀다. 분명 가족은 끊임없이 감사하는 마음을 표현하고 입이 아프도록 칭찬을 해야 했을 것이다. 아버지에게 인정받고 싶은 마음이 강한 자식일수록 죄책감을 느끼고 아버지를 열심히 숭배했을 가능성이 크다.

## 자기 자식이 '조현병에 걸릴 필요가 있었다'라고 말하는 어머니

이런 가정에서는 늘 자신을 희생함으로써 부모에게 인정받고자 하는 비극이 일어난다. 『강좌 가족정신의학』에 보면 "언니만 이 세계에서 탈출하는 데 성공해 문제없는 결혼생활을 하고 있다"라는 대목이 나온다.

그렇게 탈출한 사람 외에 남은 가족은 '누구보다 열심히 일해 가족을 헌신적으로 부양하는 이상적인 아버지'라는 욕망을 충족해주기 위한 도구로 전락한다. 모든 가족 구성원이 자기 자신을 가족에게 사랑받는 이상적인 아버지가 되고 싶어 하는 아버지의 자기애를 위한 도구가 되는 것이다.

이 가족은 오로지 아버지의 자기애를 충족해주기 위해서만 존재한다. 가족은 아버지의 자기애에 희생당하고 아버지는 '나는 훌륭한 아버지'라고 스스로 생각하며 만족한다.

그런데 여동생이 조현병에 걸렸다. 이 사례는 아버지뿐 아니라 어머니에게도 문제가 있고 가족 구조도 문제다. 어머니는 자녀가 조현병에 걸릴 필요가 있었다고 말한다. 이 대목을 읽을 때 나는 가슴이 아팠다. 이 사례에 적용하면 이 이상적인 아버지에게는 딸의 조현병 발병이 필요했다. 그는 딸을 병마의 구렁텅이로 몰아넣으면서까지 자기애를 충족하려 했다.

『강좌 가족정신의학』에서는 다음과 같이 분석했다.

> 그래서 실제 자신이 어떤 사람인지 생각할 겨를이 없었다. 이상형과 반대되는 현실의 자신을 자각하거나 표현하기를 극단적으로 삼가 이른바 현실 부정 기제가 작동했다고 추정할 수 있다. 이 같은 이상향 강조는 강박적 반동형성으로 간주할 수 있다.

이 아버지가 자신이 실제로 얼마나 끔찍한 아버지인지 인식하는 일은 불가능에 가까울 것이다. 겉보기에 그는 누구보다 멀쩡하고 이상적인 아버지이기 때문이다.

## 자신이 '세상에서 가장 훌륭한 아버지'라고 믿는 세상에서 가장 끔찍한 아버지

이 아버지는 어떤 점에서 끔찍한 아버지일까? 무엇보다 자녀가 성장하는 중에 "너는 지금 그대로도 괜찮단다"라고 말해주지 않았다는 점에서 나쁜 아버지다. 이 아버지에게는 이런 사실을 지적해주어도 소용이 없다. 절대 인정하지 않고 오히려 큰소리칠 것이 뻔하기 때문이다.

"나만큼 가족이 원하는 대로 해주는 아버지가 어디 있다고 그래? 있으면 어디 한번 나와보라 그래!"

더구나 이 아버지는 자신이 좋은 아버지라는 데 일말의 의심도 품지 않는다. 왜 그럴까? 아버지 자신이 '나는 지금 이대로도 충분해! 나는 내가 하고 싶은 일을 해도 괜찮아!'라고 자신에게 허락하지 않기 때문이다. 이 아버지는 자기 자신을 있는 그대로의 모습으로 받아들이지 않는다. 이 논문의 저자가 지적한 대로 "이 같은 이상향 강조는 강박적 반동형성을 유발할 수 있다."

반동형성이란 자기 내면에 억압된 경향과 정반대 일을 강요당하는 현상이다. 예를 들면 실제로는 증오를 품고 있으면서 그것을 자각하는 게 두려워 내면의 증오와 정반대되는 태도를 보이는 것이다. 말하자면 '보란 듯이 꾸민 태도'를 가리킨다.

Counseling

21

# 가족을 심리적으로 옭아매고 구속하는 부모는 치명적이다

상담자

"제 아버지는 매우 차갑고 엄한 분입니다.
자식들이 자연스럽게 자기주장을 하기라도 하면 불같이
화를 내시죠. 그러면서도 가족이나 주위사람들에게
'온화한 아버지', '가족을 위해 헌신하는 이상적인
아버지'로 인정받고 싶어 합니다.
이런 심리를 어떻게 이해해야 할까요?"

심리학자

"이런 유형의 사람은 대단한 이기주의자이면서
그 사실을 애써 외면합니다. 그는 다른 사람은 물론이고
자기 자신에게조차 진짜 의도를 숨깁니다.
'가족을 보호하는 가장'이라는 입장을 강조하는 태도의
이면에 숨은 진짜 의도는 '구속'입니다."

## 극도의 이기주의자가 다른 사람의 이기적인 행동을 참지 못하고 분노하는 까닭

앞에서 소개한 아버지는 엄청난 이기주의자로, 거짓말쟁이에다 비겁하고 제멋대로일 확률이 매우 높다. 어쩌면 그는 그런 자아를 평소 억압하고 이상적인 아버지를 연기하는 것뿐일 수도 있다. 자기 혼자서 하는 연극이면 상관없지만 욕구 불만이 쌓여 있던 다른 사람에게 감 놔라 배 놔라 간섭해서 문제를 일으킨다.

이런 유형의 사람은 그 스스로 극도의 이기주의자이지만 본질을 애써 외면한다. 그는 다른 사람의 이기적인 모습을 보면 참지 못하고 극단적으로 날을 세우며 비판한다. 그는 아이들이 자연스럽게 자기주장을 하기라도 하면 불같이 화를 내며 비난을 퍼붓는다.

그는 자기 내면이 차가운 사람이라는 점을 결코 인정하지 않고 얼음장 같은 마음을 녹여볼 생각도 하지 않는다. 더욱 나쁜 것은 꽁꽁 얼어붙은 자신의 내면에서 눈을 돌리고자 보란 듯 극단적으로 온화함을 보여주려 한다는 점이다. 다시 말해 '나는 이렇게 가족을 위해 사는 사람'이라며 인자한 모습을 강조한다.

이렇듯 당당하게 애정을 과시하며 가족을 심리적으로 억압하면 어떻게 될까? 여기에 길들여진 가족의 마음속에는 비탈을 구르며 점점 커지는 눈덩이처럼 죄책감이 점점 커져만 간다. '나는 나(I can be me)'라는 의식을 품는 일에도 가족은 죄책감을 느끼게 된다.

이런 유형의 사람은 옴짝달싹 못하게 가족을 심리적으로 꽁꽁 옭아매고 구속하면서도 말로는 '좋을 대로 해'라고 허락한다. 그러면서도 그는 자신이 가족을 심리적으로 억압하고 학대하고 있다는 사실을 깨닫지 못한다.

### 이기적인 아버지는 왜 진짜 의도를 숨기고 자신을 '가족을 보호하는 가장'으로 포장할까?

이런 유형의 아버지에게는 숨은 의도가 있다. 그는 자기 자신에게도 자신의 진짜 의도를 숨긴다. 진짜 의도를 깨달으면 더는 이상적인 아버지가 아닐 테니 말이다. 겉치레 애정과 '가족을 보호하는 가장'이라는 입장을 강조하는 태도의 이면에 숨은 진짜 의도는 '구속'이다.

만일 자녀가 아버지에게 인정 자극을 원하지 않는다면 보란 듯 퍼부어대는 애정 공세에 "제발 그만 간섭하세요"라며 반항할 수도 있다. 아버지를 기쁘게 하고 아버지에게 인정받고 싶어 하는 열망이 있는 한 그의 진짜 의도를 알아차리지 못한다. 자녀는 아버지의 진짜 의도를 눈치 채지 못하도록 눈을 가린 채 구속당한다.

왜 아버지는 이렇게까지 집요하게 '유사 통합가족'을 만들어야 했을까? 아버지가 "나는 나"라고 말하지 못한 탓이다. 아버지는 자신이 정말로 하고 싶은 일을 찾아내지 못했다. 설령 하고 싶은 일을 발견했다 하더라도 그 일을 할 용기가 나지 않았을 것이다.

자기 자신을 인정하지 못하는 사람은 가까운 사람에게도 자기처럼 살라고 강요하며 이것저것 금지한다.

'나는 나'라는 사실을 부정하는 행동은 자신은 물론 주위 사람에게까지 악영향을 미친다. 『강좌 가족정신의학』에서 이와 관련된 내용을 좀 더 살펴보자.

> 가령 장애가 있는 사람이 결혼해서 자녀가 태어나면 부모는 개인적으로 해결하지 못하거나 결혼생활에서 충족하지 못한 해결 방향을 자녀 쪽으로 돌린다. 부모에게 전적으로 생존을 의

존해야 하는 자녀는 부모의 투영 시스템에 적극적으로 편입됨으로써 자신과 부모의 갈등을 짊어지는 '제물'이 되어 병리적 안정을 불러온다.

이것은 어디까지나 제3자의 관점에 지나지 않는다. 게다가 정작 부모는 자신을 훌륭한 부모라고 믿는다. 실제로는 자녀를 제물로 삼으면서 자신이 자식을 사랑한다고 착각한다. 자녀는 자기애 충족을 위한 수단에 지나지 않았다는 사실을 그들은 이해하지 못한다.

이런 유형의 사람이 제물을 바쳐 유지하는 기형적 가정을 행복한 가정이라 믿는 것은 그래서다. 이는 달리 말하자면, 제물이 된 자녀의 희생으로 병리적 안정을 유지하는 가정을 평화로운 가정이라고 믿는다는 얘기다. 그중에는 "이렇게 훌륭하고 멋진 가족은 없다"라며 목에 힘을 주는 부모도 있을 정도다.

『강좌 가족정신의학』은 "가장 약한 구성원이 가정 안의 눈에 보이지 않는 어느 곳에선가 희생되고 있다"라고 지적한다. 무엇보다 자신이 만족하고 행복해야 한다. 자기 자신에게 기꺼이 허락해야 한다. 자신이 불행한 상태로는 제아무리 노력해봤자 주위 사람들을 불행으로 끌고 들어갈 가능성이 크기 때문이다.

## 그는 왜 자신이 행복하면 마치 나쁜 짓을 하는 것처럼 느낄까?

자신의 삶을 즐기고 스스로 벅찬 행복을 만끽하고자 할 때 무엇이 걸림돌이 될까? 바로 어린 시절의 경험이다. 내가 어렸을 때 아버지가 앓아누운 적이 있다. 그때 내가 친구들과 신나게 놀자 어머니는 나를 보고 화를 냈다.

"너는 어찌된 녀석이…… 아버지가 아프신데, 웃음이 나오니?"

이 세상에는 다른 사람의 불행에서 위안을 얻는 사람도 있다. 그런 부모 밑에서 어린 시절을 보내면 자신에게 즐거움을 허락하는 방법을 배우지 못하게 된다. 그런 부모는 아이가 기가 죽어 있거나 훌쩍훌쩍 우는 시늉을 하면 머리를 쓰다듬으며 달래준다. 그런 경험을 하면서 슬픔에 잠겨 있으면 다른 사람에게 사랑받는다고 내면적으로 학습하는 사람도 있다.

그는 자신에게 행복을 허락하지 않는다. 자신이 오래 행복하면 묘하게 기분이 찜찜해지고 뭔가 나쁜 짓을 하는 것 같은 느낌을 떨쳐내지 못한다.

무엇보다 해묵은 기억을 말끔히 지워버리는 게 중요하다. 자신의 내면에 새로운 생각을 심어야 한다. 삶을 마음껏 즐겨도, 마음껏 행복을 누려도 괜찮다. 기쁠 때는 자유롭게 기쁨을 표현하라. 일부러 비참한 모습을 보여주어 다른 사람의 호의를 기대하는 습관을 버려라. 그렇게 살면 세상이 다르게 보일 것이다.

또 어떤 사람에게 호의를 얻으려고 자신을 비참하게 꾸미는 상황을 한번 가정해보자. 그 생각을 현실에서 정말로 실행해보면 신기하게도 누군가의 호의를 더는 필요로 하지 않게 된다. '왜 저런 사람에게 호의를 얻으려고 나 자신을 희생하려 했을까?' 영문을 알 수 없어 고개가 갸웃거려질 정도다. 그 사람에게 호의를 얻기 위해 자신을 희생할 아무런 이유도 찾지 못한다.

Counseling

22

# 스스로 '좋은 아버지'로 위장하는 집안 폭군은 가정을 지옥으로 만든다

상담자

"제 아버지는 세상이 당신 자신을 중심으로 돌아가지 않으면 참지 못하는 분입니다. 그 때문에 온 가족이 너무 힘들고 괴로워요! 도대체 왜 그러는 걸까요?"

심리학자

"내면에 어린 시절 충족되지 않은 어리광 욕구가 많아서일 겁니다. 다 자란 어른이 진짜 어린아이처럼 직장이나 사회에서 어리광 욕구를 표출할 수 없으니 가장 편한 관계인 가족에게 마음껏 표출하는 겁니다."

## 집 안에서만 폭군인 사람은 왜 세상이 자기 중심으로 돌아가지 않으면 참지 못할까?

집 안에서만 폭군인 사람은 세상이 자신을 중심으로 돌아가지 않으면 참지 못한다. 이런 성향의 남편은 자신이 집에 돌아왔을 때 아내가 누군가와 통화라도 하고 있으면 역정을 낸다. 그는 자기가 집에 들어서는 그 순간부터 모든 것이 자신을 중심으로 돌아가지 않는다고 느끼면 곧바로 불만을 터뜨린다. 아내도 자식도 모두 마치 태양계의 모든 행성이 태양을 중심으로 돌듯 자신을 중심으로 움직여야 한다고 여긴다.

예를 들면 남편이 온종일 힘들게 일하고 지쳐서 퇴근했는데, 그 남편에게 따끈한 차를 끓여서 갖다 주는 일보다 더 중요한 게 뭐가 있느냐며 호통을 친다. 그게 다가 아니다. 차를 마시고 나면 가족들은 자신이 무엇을 하고 싶은지 말하지 않아도 재빠르게 파악해서 재깍 준비해야 한다. 텔레비전을 보고 싶은지, 누군가와 통화를 하고 싶은지, 따뜻한 물에 몸을 담그고 반신욕을 하고 싶은지 세밀하게 살펴서 가족 전체가 남편이자 아버지인 자신을 위해 움직여야 한다고 생각한다.

남편을 수발해야 할 시간에 아내가 자녀의 식사를 준비하느라 소홀하다고 느끼면 이내 불벼락이 떨어진다. 더구나 그 남편이 가족에게 할 말이 있을 때는 만사를 제쳐놓고 그 말에 귀를 기울여야 한다.

"여보, 잠깐만. 이것만 하고 이따 들을게."

바쁘다고 남편이 하는 말을 끊는 일은 있을 수 없다. 세상이 자신을 중심으로 돌아가지 않으면 불만이 폭발하기 때문이다.

이는 마치 유아기 어린아이와 같다. 아이는 엄마가 자기 말에 귀 기울여주지 않으면 심통을 부린다. 심한 경우 물건을 마구 던지며 심술을 부릴 때도 있다. 삐치고, 토라지고, 크게 울음을 터뜨리고, 고사리 같은 손으로 엄마를 때리기도 한다. 그렇게 어린아이는 제멋대로 행동한다. 어리광을 부리고 싶은 욕구를 서슴없이 직설적으로 표출하는 것이다.

그러나 어른은 어린아이처럼 무턱대고 어리광을 부릴 수는 없다. 만일 그런다면 너무도 볼썽사납지 않겠는가. 그래서 어쩔 수 없이 뚱한 표정으로 '의무'를 운운하며 주위 사람을 비난하고 괴롭힌다. 예컨대, '모름지기 아내란 이러저러해야 한다'라는 논리다. 그 기준에 따라 아내는 아내다워야 하는데, 아내로서의 의무에 소홀하다며 아내에게 불평불만을 쏟아놓는다.

집 안에서만 폭군인 남편은 자기 마음이 왜 그렇게 자주 불쾌한지 자신도 알지 못한다. 그저 부루퉁하게 입을 다문 채 자신의 불쾌감을 어떻게 처리해야 할지 몰라 끙끙거린다. 온몸이 불쾌감으로 똘똘 뭉쳐 긴장한 상태다. 긴장을 풀고 편히 있으려 해도 좀처럼 몸과 마음을 이완하지 못한다. 정체 모를 불만에서 비롯되는 공격성으로 온몸이 굳어 있는 것이다. 그저 누구에게 공격의 화살을 돌려야 할지 모른 채 경직되어 있을 따름이다.

어린아이처럼 옆에 있는 책을 집어던지거나 공연히 엄마를 장난감 블록으로 때릴 수도 있다. 그러나 다 큰 어른이 어린아이처럼 분통을 터뜨린다면 그야말로 봐줄 수 없는 못난 모습이지 않겠는가. 그러나 정작 당사자는 그 정체 모를 불쾌감이 어리광을 부리고 싶은 욕구 불만에서 비롯된다는 사실도 깨닫지 못한다. 사실 중년에 이른 자신의 내면에 여섯 살 꼬마 같은 어리광 욕구가 있다는 사실은 좀처럼 인정하기 어렵고 상상조차 못할 일이다.

그렇지만 쉰 살 가까운 나이 인간의 마음에도 다섯 살 배기 아이처럼 어리광 욕구가 남아 있다. 쉰 살 나이의 사내를 움직이는 건 놀랍게도 다섯 살이 될 때까지 충족하지 못한 어리광 욕구다.

매사에 자신을 중심에 놓는 습성은 신경증 환자의 특징이며, 이런 사람은 우울증 환자와 마찬가지로 자기중심적 분위기를 추구한다.

## 자기 내면의 '유아성'을
## 회피하지 말고 직면하라

자기 내면에 잠재해 있는 '유아성'을 깨닫는 경험은 매우 중요하다. 자아실현이란 자기 내면에 숨은 진실을 하나하나 직면하는 과정이기도 하다. 이유 없이 불쾌감에 시달리거나 뜬금없이 가슴이 답답해지거나 문득 짜증이 치밀어 오르며 온몸이 굳을 때가 있다. 왜 그럴까? 비록 자신은 깨닫지 못해도 여기에는 나름대로 원인이 존재한다.

그 원인을 알 수 없다면 곰곰이 생각해보라.

'내가 나 자신에게까지 숨기고 있는 것은 뭘까?'

'나는 필사적으로 무엇을 외면하려 애쓰는 걸까?'

어느 순간 자신이 알아챌까 두려워 무의식적으로 떨쳐낸 뭔가가 떠오른다. 그것이 자신의 유아성인지, 불쾌한 기억인지, 열등감인지, 분노인지는 알 수 없다. 그러나 자신이 의식하지 못하는 뭔가가 마음속에 존재한다는 사실만은 분명히 느껴진다.

현재 나타나는 불쾌감이 과거의 해묵은 감정의 재경험이거나 자신이 의식하지 못하는 욕구가 걸림돌로 작용한 것인지는 알 수 없다. 아무튼 그 감정은 자기 마음이 건강하지 않다고 알려주는 일종의 경고다. 그 경고를 의무론으로 얼버무리거나 다른 사람의 말과 행동에 잘못이 있다고 책임을 전가하면 살아가는 내내 정서적 성숙을 기대하기 어렵다. 정서적 성숙은커녕 가슴을 짓누르는 답답함에서 평생 벗어날 수 없다.

### '어리광 욕구'가 많은 사람은 왜 집 안과 밖에서 극단적으로 다른 모습을 보일까?

유아기에 어리광을 부리는 아이는 요구하는 게 많다. 부모가 항상 자기만 바라봐주기를 바라고 언제나 자기 말에 귀 기울여주기를 원한다. 또 자기가 한 일에 칭찬을 받고 싶어 하며 늘 다정하게 대해달라고 조른다.

어른이 되어서도 유아적 어리광 욕구를 버리지 못한 사람은 그 욕구를 자신의 내면으로 돌린다. 즉, 밖에서는 다른 사람에게 억지로 맞춰주고 집에 돌아와 욕구를 분출하는 식이다. 아내는 매일 일을 마치고 돌아온 남편의 노고를 이해해주고 항상 웃는 얼굴로 대해야 한다. 어린 시절 어리광 욕구를 충족하지 못한 남편은 아내에게 요구 사항이 많다.

아내가 조금이라도 인상을 찡그리거나 언짢은 기색을 보이면 짜증이 솟구쳐 소리를 지르며 화를 낸다. 이는 엄마가 항상 자신을 웃는 얼굴로 대해주기를 바라는 어린아이의 심리와 비슷하다. 엄마가 자기 뜻대로 움직여주지 않을 때 어린아이는 울음을 터뜨리거나 떼를 쓰며 발로 땅을 구르고 물건을 집어던진다. 그러나 중년의 사내가 상대방이 자기 마음에 들지 않게 행동한다고 해서 어린아이처럼 무작정 떼를 쓸 수는 없는 노릇이다. 이런 유형의 남자가 '의무론'이라는 무기를 끄집어내 수시로 아내의 의무를 강조하는 것은 그래서다.

"당신은 아내의 의무를 너무 소홀히 하는 경향이 있는데, 그래선 안 돼! 아내라면 자기 본분을 다해야지."

여기다 한 술 더 떠서 그는 자신의 노고를 있는 대로 강조하며 아내를 타박한다.

"온종일 회사에서 힘들게 일하고 왔는데, 잔뜩 인상이나 찌푸리고 있고……. 그게 가족을 위해 뼈 빠지게 일하고 돌아온 가장에게 할 짓이야?"

이 남자의 불쾌감은 어리광 욕구를 충족하지 못한 데서 기인한다. 밖에서는 다른 사람에게 자기 마음대로 간섭할 수 없으므로 욕구를 드러내기 어렵다. 그러나 집에서는 내면에 쌓인 불쾌한 감정을 억누르지 못한다.

흔히 집에서 욕구를 분출할 때는 어리광 욕구가 지배적이다. 이때 상대방이 자신이 바라는 대로 반응하지 않으면 불쾌해진다. 밖에 있을 때는 애초에 상대방이 자신이 원하는 반응을 보여줄 거라고 기대하지도 않는다. 원래 기대하지 않으면 불쾌하지도 않은 법이다. 애초에 기대하지 않았으니 실망할 일도 없다.

밖에 있을 때는 감정이 정반대로 움직인다. 어떻게 해야 상대방을 기쁘게 할까에만 온통 정신이 쏠려 있다. 자신이 어떤 일을 했을 때 상대방이 기뻐해주지 않거나 마음에 들지 않는 기색을 보이면 기가 죽는다.

어린 시절 부모는 이 사람의 어리광 욕구를 충족해주지 못했다. 즉, 아이는 자신이 있는 그대로의 모습으로 받아들여지지 않는 심리적 좌절을 경험했다. 오히려 부모는 부모다움을 주입하며 감사를 표하라고 요구하고 아이의 어리광 욕구를 철저히 막았다. 이 경우 아이는 자신이 부모의 마음에 들려면 어떻게 해야 좋을지에만 집중한다.

이때 아이가 발견하는 수단은 '순종'이다. 이후 어른이 되어서도 순종적인 태도로 다른 사람과의 관계를 유지한다. 어린 시절 부모에게 거절당할지 모른다는 불안을 느낀 아이는 그것을 이겨내기 위해 순종한다. 어른이 되면 직장이나 여러 모임 등에서 동료나 구성원들에게 거절당할지 모른다는 불안을 느끼게 되므로 계속 순종적인 태도를 유지한다. 이처럼 어린 시절부터 따라붙은 '거절당할지 모른다는 불안'은 어른이 되어서도 자신을 끈질기게 괴롭힌다.

### '좋은 사람 가면'을 쓰고 집에서 '독재자'로 군림하는 남편, 그리고 아버지

어른이 되면 집에 있을 때 지긋지긋한 불안을 느끼지 않는다. 불안이 사라져 다른 사람의 기대에 순종할 필요가 없어지면 어떻게 될까? 어린 시절 채우지 못한 어리광 욕구가 고개를 들면서 스멀스멀 불만이 피어오른다. 요컨대 밖에 있으면 마음이 불안하고 집에 있으면 불만이 생긴다. 이에 따라 밖에서는 '좋은 사람 가면'을 쓰고 집에서는 '독재자' 행세를 한다.

집에서만 큰소리치고 말썽을 부리는 아이를 흔히 '집 안 호랑이'라고 부른다. 집 안 호랑이 기질이 있는 아이는 밖에 나가면 의외로 눈에 띄게 얌전해진다. 왜 그럴까? 밖에 있으면 불안하기 때문이다. 반면 집에 있으면 마구 고집을 부리고 고삐 풀린 망아지처럼 제멋대로 행동한다. 집에서는 의존적이라 어리광을 부리고 밖에서는 방어적으로 행동하느라 착한 아이가 되는 것이다.

마찬가지로 집 안에서만 폭군으로 돌변하는 남편은 아직 '집 안 호랑이' 시절의 어린아이가 내면에 남아 있음을 의미한다. 단지 어른이 되었기에 밖에서는 예전과 다르게 행동할 뿐이다. 특히 얌전하던 아이는 열심히 일하고 성실한 모습을 보여준다. 이런 사람이 집에서 의무론을 들먹이는 이유는 억지를 부리고 트집만 잡으면 모양새가 좋지 않다는 걸 본능적으로 알기 때문이다.

Counseling

23

# '집 안 폭군'은 왜 친밀함을 배우지 못했을까?

상담자

"제 아버지는 전형적인 '집 안 폭군'인데요. 어쩌다 그렇게 되었을까요?"

심리학자

"어린 시절, 인간은 누구나 '어리광 욕구'의 시기를 지나 '혼자 있고 싶은 욕구'의 시기로 나아갑니다. 이 두 가지가 자연스럽게 충족되며 성장하면 건강한 자아를 가진 어른이 되지만, 둘 다 충족되지 않은 채 성장하여 어른이 되고 가정을 이루면 '집 안 폭군'이 되기 쉽습니다."

## '집 안 폭군'의 원인은 '혼자 있고 싶은' 욕구를 충족하지 못해서라고?

'집 안 폭군'의 가슴을 짓누르는 답답함은 어디서 왔을까? 그것은 어리광 욕구를 충족하지 못한 데서 비롯되는 불만과는 약간 성격이 다르다. 말하자면 '혼자 있고 싶은' 욕구를 충족하지 못한 탓이다.

아무래도 인간은 성장하면서 각 단계에 따라 다른 욕구가 생겨나는 모양이다. 먼저 어리광 욕구가 있고 그 욕구를 충족했는지 여부와 관계없이 다음 연령대에 이르면 독립, 자립, 자아각성 등의 용어로 표현하는 욕구가 비집고 나온다. 혼자 있고 싶은 단계다.

이 단계에는 주로 혼자 방에 틀어박혀 일기장에 시답지 않은 글을 끼적이고 간이 큰 친구는 가출을 감행하기도 한다. 이 시기에는 누구한테 간섭받는 걸 극도로 싫어한다. 가까운 사람이 친절을 베풀어도 고마워하기는커녕 성가시게 느끼고 짜증스러워한다. 또는 머리로는 감사하면서도 감정적으로는 쓸데없는 오지랖으로 여겨져 울컥 짜증이 솟구친다. 그래서 마음을 닫아버린다.

이것은 일종의 심리적 퇴행 현상이다. 좀 더 어린 연령대의 욕구로 퇴행하는 게 아니라 혼자만의 세상에 틀어박힌다는 의미에서의 퇴행이다. 이것은 말 그대로 '움츠러드는(withdrawal)' 일이다. 간섭받고 싶지 않아 자기 마음의 외부에 벽을 쌓아 다른 사람의 침입을 거부하는 행동이다.

사실 혼자 있고 싶다고 아우성쳐봤자 실제 생활에서 혼자 있는 것은 불가능에 가깝다. 식사 시간이면 가족과 함께 식사해야 하고, 한 집에서 서로 복닥거리며 지내다 보면 아무리 애를 써도 부모나 형제자매와 얼굴을 마주치게 될 수밖에 없다.

결국 혼자 있고 싶어도 그럴 수 없어서 마음으로라도 다른 사람의 간섭에서 벗어나보려고 벽을 둘러치는 셈이다. 식탁에서 뚱하게 입을 다물고 있는 사춘기 아이가 딱 그런 모습이다. 혼자 있고 싶어도 실생활에서 혼자 있을 수 없다 보니 마음의 벽만 점점 단단하고 높게 쌓는다. 무엇보다 가족이 제일 성가시게 여겨져 벽을 쌓고 소통을 거부한다. 인간의 마음이 성장하면서 반드시 거치는 통과의례다.

물론 당사자도 외롭지만 외로움과 마음을 나눌 때 생기는 답답함을 비교하면 외로움 쪽이 훨씬 견디기 수월하다. 이것은 어리광 욕구와 정반대다. 누군가가 떠받들어주기를 바라고 모두가 나만 바라봐주었으면 하는 욕구에서 한발 더 나아가면 혼자 있고 싶은 욕구 단계로 들어선다.

### '어리광 욕구'와 '간섭받고 싶지 않은 욕구' 사이에는 어떤 상관관계가 있을까?

아무에게도 간섭받지 않으며 혼자 있고 싶은 욕구가 생겼을 때 이전 단계인 어리광 욕구를 충족했다면 문제는 그다지 복잡하지 않다. 물론 그 아이는 가족과 최대한 접촉하지 않으려 애를 쓴다. 다정하게 말을 걸면 무뚝뚝하게 대꾸하고 부루퉁한 얼굴로 제 방에 틀어박히거나 친구를 만나기로 했다며 밖으로 나돈다. 실제 접촉과 마음 접촉을 모두 거부하고 가족에게서 벗어나는 것이다. 그러면서 점점 혼자 있고 싶은 욕구를 충족한다.

어리광 욕구와 혼자 있고 싶은 욕구를 충족하면 드디어 마지막 단계인 다른 사람과 친밀해지고 싶은 욕구 단계에 접어든다. 이 단계에서는 다른 사람과 친밀감을 쌓는 능력을 터득한다.

일부 심리학 서적에서는 다른 사람과 친밀해지는 능력을

인간의 타고난 능력으로 간주한다. 그런데 인간이 선천적으로 타고나는 특유의 능력이라고만 할 뿐 적절한 설명을 덧붙인 책은 없다.

특별히 마음이 풍요롭고 정서적으로 안정된 사람에게만 이 능력이 생기는 것은 아니다. 어리광 욕구에 이어 혼자 있고 싶은 욕구를 충족함으로써 욕구 불만을 해소한 사람은 모두 이 능력을 갖추고 있다.

그러나 어리광 욕구를 충족하지 않았는데 다음 단계인 혼자 있고 싶은 욕구가 싹튼 사람이라면 얘기가 복잡해진다. 한편으로는 혼자 있고 싶은데 다른 한편으로는 누군가가 자신을 챙겨주고 다정하게 대해주었으면 하는 마음이 있기 때문이다.

그렇다고 마음을 터놓고 소통하자니 성가시고 짜증이 난다. 누군가의 보살핌을 받고 싶지만 막상 돌봐주겠다고 나서면 간섭으로 느껴져 왠지 싫은 것이다. 그러니까 함께 있고 싶지만 막상 같이 있으면 이상하게도 심통이 나고 불쾌해지는 심리다.

가족에게서 벗어나고 싶어도 그 테두리 안에 머물러야 할 필요성에 발목이 잡힌다. 식탁에 같이 앉아 있는 것만 해도 짜증이 밀려오지만 그렇다고 밥을 같이 먹지 않을 명분도 없다. 가족과 대화하면 불쾌감이 스멀스멀 올라오는데 묵언 수행하듯 혼자 입을 닫고 살 수도 없다. 그러면서 마음 한구석에서는 가족이 먼저 자신에게 말을 걸어주기를 기다린다.

### '집 안 폭군'이 성장 과정에 친밀함을 배우지 못한 근원적 이유는?

어리광 욕구와 혼자 있고 싶은 욕구는 서로 모순적이다. 서로 모순관계에 있는 두 욕구가 하나의 마음 안에 존재하는 셈이다. 어느 한쪽을 충족하려 하면 다른 한쪽이 거부한다. 짜증이 묻어나는 얼굴로 가족과 나란히 걷고 있는 청소년이 좋은 예다.

마음을 열지 못하면서 다른 사람과 함께 있고 싶어 하니 이 얼마나 모순된 일인가. 그 상태로는 혼자 있고 싶은 욕구도 충족하지 못한 채 나이를 먹어 스무 살이 되고 서른 살이 된다. 서른 살, 마흔 살이 되어도 혼자 있고 싶은 욕구는 그대로 남아 있다.

이런 유형이 전형적인 '집 안 폭군'이다. 이들은 어리광 욕구와 혼자 있고 싶은 욕구를 충족하지 못해 친밀해지는 능력을 갖추지 못한 사람들이다. 이 점은 필립 짐바르도(Philip George Zimbardo, 미국 사회심리학자로 저서 『루시퍼 이펙트(The Lucifer

Effect)』에서 이라크인 포로들에게 수치심을 주며 가혹하게 다룬 미군의 행위를 분석했다.—옮긴이) 같은 뛰어난 심리학자도 오해하는 듯하다. 부끄러움을 느끼는 사람은 네 종류의 두려움을 안고 있다.

그중 하나가 다른 사람과 친밀해지는 상태를 두려워하는 현상이다. 친밀해질수록 자신의 실제 모습이 알려질지 모른다는 생각에 겁을 먹는 것이다. 실제 자신은 대단한 사람이 아니라서 자신의 실체가 드러날까 두려워 애써 친밀해지기를 거부한다는 얘기다. 또한 혼자 있고 싶은 욕구가 짓밟힌다는 점도 무시하기 어렵다. 친밀해지면 혼자 있고 싶은 욕구를 침해당한다.

어리광 욕구도 충족하지 못하고 혼자 있고 싶은 욕구도 채우지 못한 탓에 다른 사람과 친밀해지지 못하는 남자는 집 안에서 가족에게 폭군으로 군림한다. 그는 가족이 어떤 행동을 해도 성에 차지 않기 때문에 집에 돌아오면 이유 없이 가슴이 답답하고 울적해진다.

Counseling

24

# '심리적 볼모' 상태에서 벗어나 진정한 자립을 이루어라

상담자

"제 남편은 밖에서는 온순하다가도 집에만 오면 폭군이 돼요. 매사에 좀 유치하게 굴기도 하고요. 그런 남편의 심리를 어떻게 이해해야 할까요?"

심리학자

"부모에게 심리적 볼모가 된 상태에서 벗어나지 못한 채 결혼했기 때문이 아닐까 싶습니다. 심리적 자립을 이루지 못하고 결혼한 거죠. 이 경우 부모와 해결하지 못한 문제가 배우자와의 문제로 옮겨갑니다. 그 결과 '폭군 아버지' 밑에서 자란 아이가 성장해서 결혼한 뒤 '폭군 남편'이 되는 악순환의 전철을 밟는 겁니다."

## '심리적 볼모 상태에서 완전히 벗어나 자립한다'라는 말의 의미는?

밖에서는 온순하다가도 집에만 오면 폭군이 되는 사람, 집에 있으면 이상하게 가슴이 답답해지는 사람, 집에 있으면 온몸이 쑤시고 뻣뻣해지는 사람은 부모와의 안 좋은 관계를 아직 청산하지 못한 사람이다. 부모와의 사이에 해결하지 못한 이런저런 문제를 안고 있다는 의미다.

여태껏 심리적으로 부모에게 덜미를 잡힌 채 살아온 이 사람은 나이가 들어 결혼한 뒤 배우자의 심리적 볼모가 된 셈이다. 부모의 품을 벗어난다는 것은 어떤 상태일까? 심리적으로 완전히 독립하거나 다른 누구도 아닌 자기 자신을 버팀목으로 삼는다는 뜻이다. 이 경우 혼자 있어도 불안하거나 외롭지 않다.

어린아이는 인파에 휩쓸려 부모 손을 놓치는 바람에 혼자 남으면 너무도 무서워서 울음을 터뜨린다. 유치원 시절 아이는 혼자 집을 지켜야 하는 상황을 괴로워한다. 하지만 어른이 되면 혼자 있어도 힘들지 않다.

문제는 심리적으로 부모에게 볼모가 되어 사는 사람은 양가적 감정을 느끼게 된다는 점이다. 한편으로는 부모에게 기대고 싶고 부모의 보살핌을 기대하면서 다른 한편으로는 부모의 관심을 성가시게 여기는 것이다. 청소년기에 부모와 함께 여행을 가면 이상하게 어색하고 불편해지는 심리가 대표적인 경우다. 이때는 부모가 자신만 빼고 여행을 가면 서운해하면서도 같이 있으면 기분이 내키지 않는 '내 마음 나도 몰라' 시기다.

마음이 건강한 사람은 이 시기를 지나면 부모 품을 떠나도 불안해지지 않는다. 기억해야 할 점은 부모 품을 떠나도 마음이 불안해지지 않고 곧바로 안정을 찾을 수 있어야 비로소 부모와 함께하는 시간이 즐거워진다. 부모와 떨어지면 마음이 불안해지는 시기에는 반대로 함께 있어도 마음이 편하지 않고 못마땅해진다.

'심리적으로 독립했다'라는 말은 무슨 의미일까? 부모 품을 떠나도 마음이 불안하지 않고 부모와 함께 있어도 답답하거나 짜증나지 않는다는 의미다. 그런데 심리적으로 부모 품을 벗어나지 못한 상태에서 결혼하는 사람이 의외로 많다. 이들은 부모와의 사이에 해결하지 못한 문제를 안은 채 결혼하는 셈이다. 이 경우 부모와 해결하지 못한 문제가 배우자와의 문제로 옮겨간다. 그 결과로 만들어지는 괴물이 바로 '폭군 남편'이다. 이들은 아내와 떨어지고 싶지도 않지만 그렇다고 마냥 붙어 있으면 답답함을 느낀다.

심리적으로 독립한 사람은 부모와의 사이에 해결하지 못한 문제가 남아 있어도 그것이 다른 사람과의 관계로 옮겨가지는 않는다. 다른 사람에게 심리적으로 얽매여 살지 않기 때문이다.

심리적 볼모가 아닌 사람은 자신의 심리적 독립을 위협받을 일이 없다. 몸을 사릴 필요 없이 서로 홀가분한 관계를 유지할 수 있는 것도 그래서다.

## 심리적으로 자립한 사람은 누구와도 친해질 수 있다

심리적 볼모란 어떤 상태를 말하는 걸까? 당신이 어떤 사람에게 심리적으로 복잡하게 얽혀 있고 강력하게 사로잡힌 상태를 말한다. 이때 상대방이 당신을 심리적 볼모로 삼으려 했는지는 중요하지 않다. 진짜 중요한 것은 당신이 그렇게 느끼는가 아닌가다.

상대방에게 당신을 볼모로 삼게 할 의도가 없었다 할지라도 당신이 그렇게 느끼면 이미 심리적 볼모 상태에 놓여 있는 셈이다. 이 경우 상대방에게 심리적 볼모가 되어 사는 데에 불만이 싹트는 동시에 사로잡혀 있지 않으면 오히려 불안해진다. 심리적 볼모로 사는 사람에게는 그런 상태가 못마땅하면서도 심리적 볼모 상태에서 벗어나면 불안해지는 모순이 존재하는 것이다.

부모와의 사이에 해결하지 못한 문제가 남아 있는 사람이 다른 사람과 정서적으로 친밀해지는 상황을 두려워하는 것은 그래서다. 정서적으로 친밀해지면 그 사람에게 마음의 자유를 위협당하기 때문이다.

심리적으로 자립한 사람, 심리적으로 부모 품을 떠난 사람, 심리적으로 자신을 믿고 의지하는 사람은 누구와도 친해질 수 있다. 이런 사람은 설령 다른 사람과 친분이 생긴다 해도 그 사람에게 심리적 자유를 위협받지 않는다. 그 덕분에 그는 누구와도 편안한 마음으로 두루두루 원만한 관계를 유지할 수 있다.

어떻게 해야 내면의 문제를 해결할 수 있을까? 답은 간단하다. 당신 자신이 심리적으로 자립해야 한다. 정서적으로 성숙해지는 길 외에 답은 없다.

한 인간으로서 성숙하고 또 자기 자신을 믿고 의지하려면 두 가지를 기억해야 한다. 하나는 적대감에서 벗어나는 것이고 다른 하나는 어리광 욕구를 충족하는 것이다.

우리는 흔히 어떤 사람의 사회적 좌절을 문제 삼곤 한다. 그러나 어떤 사람의 행복과 불행을 가르는 기준은 사회적 좌절이 아닌 심리적 좌절이다.

어린 시절 어리광 욕구를 반복적으로 거절당한 사람은 그 좌절에 자신의 인생 전체를 지배당한다. 가령 우울증 전 단계 증상은 좌절 경험으로 보상적 만족을 추구하는 과정에서 생기기도 한다. 인생을 되돌아볼 때 우리는 무심코 사회적 좌절에 초점을 맞춘다. 그렇지만 우리가 한 인간으로 성장하기 위해 자신의 인생을 성찰하고자 한다면 언제 어떻게 심리적으로 좌절했는지에 집중해야 한다.

사회적 좌절은 심리적 좌절에 비해 상대적으로 작은 문제다. 조금 극단적으로 말하자면 아무 일도 아니다. 그런데도 사회적 좌절을 자기 인생에서 큰 문제로 여기는 사람이 많다. 왜 그럴까? 이전에 이미 심리적으로 좌절한 탓일 가능성이 크다.

일에 실패하거나 시험에 떨어지는 일은 곧바로 알 수 있기 때문에 자기 인생에 미치는 영향을 즉각 간파할 수 있다. 그리고 이런 실패 경험은 따지고 보면 그다지 큰 좌절이 아니다. 잠깐 생각하는 것으로는 깨닫기 어려운 심리적 좌절을 다음과 같은 질문을 자신에게 던지며 좀 더 진지하게 성찰해야 한다.

'나는 어떻게 내 심리적 욕구를 희생했는가?'

'그 좌절을 보상받기 위해 나는 무엇을 했는가?'

이 모든 것을 하나하나 곱씹어가며 곰곰이 생각해보아야 한다.

쓰담쓰담
인정

CHAPTER

# 04

# 자기부정 심리를 자기긍정 심리로 바꾸어라

Counseling

25

# 일상 곳곳에 도사리고 있는 공포증을 지혜롭게 극복하려면?

상담자

"저는 세상을 사는 게 너무 두렵습니다. 별로 두려워할 일이 아니라는 걸 머리로는 잘 알면서도 가슴으로는 극복이 잘 안 됩니다. 왜 이런 두려움이 생길까요?"

심리학자

"어린 시절부터 '거세당했다'라는 느낌, 즉 자신의 존재가 누군가에 의해 배제되었다고 느끼는 '거세 공포'가 두려움의 원인이 되기도 합니다. '거세 경험'과 '거세 공포'가 '실패 경험'과 '실패 공포'로 이어지고 세상 모든 일이 두렵다는 인식으로 확장되는 거죠."

## 인생 초기에 '거세당했다'고 느끼면
## 실패에 민감해진다는데?

심리학 서적에는 '거세당했다'라는 표현이 자주 등장한다. 나는 거세 공포가 과연 어떤 것인지 도통 감이 오지 않았다. 또 그것이 평범한 사람의 감정에 어떤 식으로 영향을 미칠 수 있는지도 의문이었다.

예를 들어보자. 네이선 라이츠가 쓴 『우울증과 마조히즘 — 그 메커니즘에 관한 기록』에 따르면, 인생 초기의 실패는 그 사람에게 다양한 영향을 미친다고 한다. 라이츠는 실패를 경험한 사람은 현재의 실패에 민감해지고 우울증 발현 조건도 갖추고 있다고 주장한다. 특히 초기에 거세당했다는 감각을 느끼게 되면 현재의 실패에 민감해진다고 한다.

미국 심리학자 데이비드 시버리(David Seabury)는 책 『행복하게 사세요(Help Yourself to Happiness)』에서 좀 더 분명한 논조로 이 점에 관해 이야기한다. 이 책은 우울증의 중심 문제는 대부분 성적 억압이고 불행한 사람에게는 평균적으로 거세 콤플렉스가 있다고 설명한다.

나는 거세 공포 개념 혹은 '거세당했다'라는 감각이 불행한 사람과는 무관하다는 느낌이 들었다. 그러다가 최근 문득 거세 콤플렉스가 있는 사람이 의외로 적지 않을 수도 있겠다는 생각이 들었다.

나는 어떤 사람은 왜 다양한 일에 엄청난 열정을 보이고, 또 어떤 사람은 취미나 자신이 하는 일에 열의가 없이 심드렁한지에 관심이 있었다. 무엇이 그 차이를 만들까?

세상에는 어떤 고난과 역경에도 굴하지 않고 그야말로 씩씩하게 살아가는 사람들이 있다. 그들은 적게 자고, 부지런히 일하고, 유쾌하게 놀면서 인간관계도 소홀히 하지 않는다. 반면 별다른 일을 하지 않는데도 늘 피로에 찌들어 사는 사람도 있다. 피곤해 보인다고 해서 육체적으로 문제가 있다는 얘기는 아니다. 가령 간이 나쁘면 만성피로를 달고 살기 마련이다. 그러나 항상 기운 없이 지쳐 있는 사람에게 늘 육체적 문제가 있는 것은 아니다.

인간의 피로는 스트레스와 권태에서 비롯되기에 이를 육체 문제로만 볼 수는 없다. 예를 들어 회사에서는 스트레스가 심한 직책에 있는 사람보다 정리해고 대상이 되어 구석 자리를 차지하고 멍하니 시간을 보내는 사람이 더 피곤해 보인다.

심지어 세상을 살아가는 일 자체가 무섭다고 하소연하는

사람도 있다. 공포증은 오랜 옛날부터 잘 알려진 증상이다. 프랑스 심리학자 피에르 자네(Pierre Janet)도 이 사실을 날카롭게 고찰했고 오스트리아 출신 정신분석 창시자 지그문트 프로이트(Sigmund Freud)의 해명도 이어졌다. 요컨대 그것은 병적 공포 개념이다. 이는 일반적인 사람이라면 무서워하지 않을 일에 격렬히 공포를 느끼는 증상이다.

## 공포증의 밑바탕에 거세 콤플렉스가 도사리고 있다

개중에는 많은 인파나 휑한 골목, 낯선 장소에서 공포감을 느끼는 광장공포증에 시달리는 사람도 있다. 사실 공포증에 시달리는 사람 자신도 그 공포가 이치에 맞지 않는다는 사실을 잘 알고 있다. 자신의 공포증이 신경성장애라는 것을 알아도 그 본질과 정체를 명확히 밝히지는 못한다.

대인공포증 관련 책을 읽으면 이런저런 설명을 볼 수 있다. 그런데 세상에는 대인공포증이나 고소공포증까지는 아니어도 비합리적인 공포를 안고 사는 사람이 꽤 있다. 그들은 마음속으로 비합리적인 공포와 일상적으로 싸우며 살아간다. 그리고 그 마음속 싸움 때문에 내적 에너지를 소진하고 만다.

심리학 사전에서 '공포증'이라는 용어를 찾아보면 '여성공포', '식이공포', '불결공포' 등 온갖 공포증이 등장한다. 문제는 공포감을 자아내는 대상이 명확하지 않은 상태에서 막연히 '사는 게 무섭다'고 호소하는 사람이 있다는 점이다.

젊은 시절, 내게도 공포에 짓눌려 살던 시기가 있었다. 그러면서도 나는 책에 "사는 게 하나도 두렵지 않다"라고 썼다. 사실 그때 나는 나 자신에게 '사는 게 무섭지 않아'라는 메시지를 열심히 주입하고 있던 셈이다. 막연한 공포감이 있으면 이처럼 마음속으로 그 공포와 맞서 싸우느라 녹초가 되고 만다. 그냥 앉아 있기만 해도 마음속으로 싸우면서 내적 에너지를 소모해 기력이 바닥난다. 멍하니 백일몽을 꾸는 정도로도 상당한 에너지를 소진한다.

포비아(phobia)라고 부르는 공포증에는 심리학 사전에 나오지 않는 것도 있다. 개, 고양이, 새 같은 동물을 두려워하는 공포증을 우리는 '주포비아(zoophobia)'라고 부른다. 심리학 사전과 영어사전에 나오지 않는 공포증은 '에고포비아(egophobia)'다. 그런데 미국 심리학 서적에는 '공포를 느끼는 사람'이라는 의미의 '에고포브(egophobe)'가 등장한다.

나는 이 에고포브에 초점을 맞추고 싶다. 자기 자신을 두려워하는 사람은 늘 마음속으로 자신과 싸운다. 칼이나 가위 같은 뾰족한 날붙이에 공포를 느끼는 '벨로네포비아

(belonephobia)'는 세상에 널려 있는 온갖 날붙이에 강박적 공포를 느낀다. 자기공포증이 있는 사람은 늘 이유를 알 수 없는 두려움에 시달린다. 나는 최근 이 불합리한 공포증의 밑바탕에 거세 콤플렉스가 도사리고 있음을 깨달았다.

상식적으로는 자신이 거세당했을지 모른다는 공포와 자신이 실제로 거세당했다는 감각을 이해하기 어렵다. 하지만 무의식 세계에는 그 같은 공포가 충분히 존재할 가능성이 있다.

다소 극단적인 예로 조현병 환자가 생기는 가정을 유형화해보자. 건강하지 않은 가족 중에는 혼란한 가족(chaotic family)과 경직된 가족(rigid family)이 있는데, 그 두 가지가 한 덩어리로 똘똘 뭉친 것처럼 보이는 가족을 생각해보자.

온 가족이 똑같은 사고방식에 따라 행동할 경우 외형상 일심동체의 이상적인 가정으로 보인다. 가족 구성원의 상호성도 완전해 보이지만 실상은 그렇지 않다. 그것은 보여주기식 상호성으로, 가족 구성원은 각자 자신의 동일성을 희생해 상호성을 유지할 따름이다. 언뜻 일심동체처럼 보여도 꾸민 듯한 부자연스러움이 느껴지는 가족은 제대로 소통이 이뤄지기 어렵다. 그럼에도 그들은 모든 일에서 가족을 우선시한다.

가족 우선주의를 표방하는 숨 막히는 가정에서는 가족 구성원의 심리적 분열에 엄청난 비난을 가한다. 무엇보다 가족에게 충실하기를 요구받으며 자라기 때문에 가족에게서 벗어난다는 사실 자체에 깊은 죄의식을 느끼게 된다. 그래서 표면적으로라도 가족이라는 굴레에서 벗어나지 못한다.

Counseling

26

# 마음속 진짜 감정과 정면으로 대면하면 공포증은 사라진다

상담자

"제 부모님은 불행한 삶을 살았습니다. 한데 때로 부모님이 자식인 저도 당신처럼 불행하게 살기를 무의식중에 바라는 게 아닐까 싶을 때가 있습니다."

심리학자

"맞습니다. 행복도 불행도 다른 사람에게 전염되기도 하고 자식에게 대물림되기도 합니다. 행복한 부모 밑에서 자란 사람은 그 행복에 전염되어 행복할 가능성이 크고 불행한 부모 밑에서 자란 사람은 그 불행에 전염되어 불행할 위험성이 큽니다. 불행한 사람은 곧잘 다른 사람도 자신처럼 불행하기를 바라는데, 여기서 자식도 예외가 아닐 수 있습니다."

## 부모가 자녀의 정신적 성장을 기뻐하는 가정에서는 '거세 콤플렉스'가 일어나지 않는다

조현병 환자가 존재하는 가정은 한 가지 문제를 더 생각해보아야 한다. 가족에게 속박되어 외부에 관심을 기울이지 못하도록 금지당하는 과정에서 조현병 환자에게는 근친상간의 욕망이 싹튼다. 물론 근친상간은 인류 사회에서 금기 중의 금기로 통한다.

그런 환경에 놓인 사람이 무의식의 세계에서 부모에게 거세 공포를 느끼는 것은 별로 이상하지 않다. 다시 말해 근친상간 욕구가 생기도록 집안 분위기를 조성하면서 근친상간을 금지하는 셈이다. 결국 근친상간 욕망을 품은 조현병 환자는 무의식적으로 거세 공포를 느낀다고 추정된다.

이런 사례는 평범한 가정에서는 발견하기 어렵고 어디까지나 특별한 경우에 속한다. 그러나 이와 같이 특수하고 극단적인 사례를 굳이 들지 않더라도 우리 주위에는 화목한 가정이 최고라고 끊임없이 강요하는 숨 막히는 가정이 의외로 많이 존재한다. 가족 구성원이 각자 자율성을 획득해가는 과정을 기뻐하지 않는 가정 말이다.

좀 더 일반적인 수준에서 접근하면 자식을 품에서 떼어놓지 못하는 부모가 주도적으로 지배하는 가정이 있다. 이런 가정은 세상에 차고도 넘친다. 그 가정이 사회적으로 얼마나 개성적인가에 따라 가족 구성원의 거세 공포 강도는 각각 다르다. 가족 구성원이 자기동일성 장애를 일으키는 가정에서는 이런 일이 일어나도 그리 이상하지 않다.

자기동일성 장애가 있는 사람은 당연히 불행하다. 데이비드 시버리는 앞에서 소개한 책에서 불행한 사람에게는 평균적으로 거세 콤플렉스가 있다고 주장했다. 시버리는 거세 콤플렉스를 심리적 무능력이라고 표현했는데, 그의 주장을 말도 안 되게 황당한 폭언으로 치부할 수는 없다.

부모가 자녀의 정신적 성장을 기뻐하는 가정에서는 절대로 이런 일이 일어나지 않는다. 오히려 자녀가 행복하고 활동적인 사람으로 자라날 확률이 높다. 행복한 사람은 심리적으로도 활발한 반면 불행하고 신경증적인 사람은 마음이 타성에 젖어 수동적으로 움직인다. 불행한 사람은 곧잘 다른 사람도 자신처럼 불행하기를 바란다. 결국 불행한 부모 밑에서 자란 아이는 비참하다.

거세 공포가 마음의 습관으로 굳어진 경우 그 부모에게서 벗어나도 곧바로 공포감이 사라지지 않는다. 오히려 무의식의 영역에서 자신이 박해받고 있다는 두려움을 안고 살기에 그 공포감에 맞서 싸우느라 에너지를 소진한다. 피해망상에 시달리는 조현병 환자의 사고 논리는 그런 식으로 돌아간다.

자기 자신이 누군가에게 살해당할지 모른다는 두려움과 망상에 빠진 조현병 환자나, 그 지경까지는 아니더라도 무의식적 피해망상으로 막연한 두려움에 시달리는 사람은 뜻밖에도 적지 않다.

'그냥 사는 게 무섭다. 말도 안 되는 소리라는 건 알지만 두렵다.'

세상에는 멍하니 앉아 있기만 해도 내면의 싸움으로 기력을 소진하는 사람이 의외로 많다.

## 당신이 만일 자기공포증에 시달린다면 마음 밑바닥에 무엇이 있는지 살펴보라

마찬가지로 자의식이 과잉된 사람도 마음 놓고 자신을 잊지 못한다. 늘 자신이 누군가에게 박해받을지 모른다고 생각하여 한시도 마음 편히 지내지 못하는 것이다. 아무리 자의식 과잉을 멈추고 자신을 잊으려 해도 소용이 없는 건 왜일까?

그것은 바로 인간이란 무의식의 지배를 받는 존재이기 때문이다.

"은총은 자신을 잊는 자에게 찾아온다."

프랑스 작가 조르주 베르나노스(Georges Bernanos)의 이 말을 아무리 열심히 되뇌어도 자의식 과잉은 멈춰지지 않는다. 우리는 필연적으로 무의식의 지배를 받는 존재이기 때문이다. 조현병 환자의 자폐성도 무의식 영역에서 비롯된다고 생각하면 이해하기가 쉽다. 이 상태에서는 아무리 애를 써도 관심을 외부로 돌리지 못한다. 그러기는커녕 내면의 일을 처리하기에도 역부족이다.

이는 굳이 조현병 환자의 자폐성을 들먹이지 않더라도 매사에 관심이 없는 사람을 보면 알 수 있다. 그 사람은 자기 내면의 갈등을 처리하느라 외부 세계에 관심을 돌릴 여력이 없다. 내면의 갈등만으로도 에너지가 소진되기 때문이다. 내면의 갈등이 사라지면 자연스럽게 에너지를 외부로 쏟게 되지 않을까.

부부관계가 원만하지 않고 삐걱대는 집에 있으면 마치 가시방석에 앉아 있는 것처럼 불편해지는 직장인이 있다고 해 보자. 과연 그는 회사에서 자신의 일에 제대로 몰두할 수 있을까? 혹시 부부 갈등으로 기력을 소진해 밖에서 일할 에너지가 바닥나지는 않을까? 어떤 사람이 목적을 향해 매진하지 못하는 이유는 내면의 갈등이 몰입을 방해하기 때문이다.

무의식적으로 있는 그대로의 자신은 다른 사람에게 바람직한 존재가 아니라서 비난받고 온당한 대우를 받지 못한다고 생각하는 사람이 있다고 해보자. 그는 그 의식을 수면 위로 끌어올리려고 노력한다. '나는 내가 받는 부당한 대우를 절대로 그냥 넘어가지 않겠어'라는 말을 끊임없이 자신에게 주입하면서 말이다.

자기공포증에 시달리는 사람은 자기 마음 밑바닥에 자신이 생각하지 못하는 뭔가가 있음을 알아야 한다. 사실은 자신이 생각조차 하지 못하는 그 감정에 지배받고 있음을 깨달아야 한다.

어떤 사람은 무슨 일에 실패할 조짐이 보이면 입버릇처럼 중얼거린다.

'이 일을 망쳐놓으면 나를 죽이겠지? 총이 있으면 나를 쏴버리지 않을까?'

그러고 나면 마음속으로 각오를 다지기라도 한 듯 차분해진다. 머릿속으로는 설마 총으로 쏠 리 없다고 생각하면서도 실패 가능성을 미리 겁내는 사람도 있다. 이런 사람의 무의식에는 박해 공포가 숨어 있다.

개중에는 다른 사람을 사랑하지 못하는 사람도 있고 다른 사람의 사랑을 받아들이지 못하는 사람도 있다. 다른 사람에게 사랑받을 줄 모르는 사람은 불행하다. 혹시 그런 사람의 마음속에도 박해 공포가 도사리고 있지 않을까?

조현병 환자가 '가까운 거리감'에 공포를 느낀다는 사실에서도 비슷한 깨달음을 얻을 수 있다. 조현병 환자의 관점에서 자신에게 가장 가까운 존재인 부모는 자신을 살해할 가능성이 있다고 믿기 때문이다.

## 당신의 마음속 감정과 정면으로 마주해 정신적 성장을 이루어라

거세 공포를 의식화해 그 공포를 해소하는 과정은 삶의 평온을 위해 중요하다. 이는 아이가 자율성을 획득하는 과정을 흡족하게 지켜보는 부모 밑에서 자란 사람은 도저히 상상할 수 없는 일일 수도 있다.

종종 '삶의 버팀목이 필요하다'라고 읊조리는 사람이 있는데, 내게도 젊은 시절 위태로운 삶을 지탱해줄 버팀목이 필요했다. 만약 평범하게 살았다면 애초에 삶의 버팀목처럼 거창한 뭔가를 머릿속에 떠올릴 필요조차 없지 않았을까?

애당초 삶의 버팀목을 필요로 하지 않는 것이 가장 자연스러운 일이다. 삶이란 그 자체로 자연스럽고 풍요로운 과정이기 때문이다.

인생이 필연적 공포로 가득해진 순간 사람은 버팀목이 필요하다고 느낀다. 공포에 대항하기 위해 준비태세를 갖출 필요가 있기 때문이다. 이처럼 준비태세를 갖추려면 막대한 에너지가 필요하다. 또 무장하기 위해서는 마음의 문을 단단히 잠가야 하는데, 그렇게 마음의 문을 닫는 사람은 쉽게 지치기 마련이다.

마음속 공포가 사라지면 마음의 문은 자연스럽게 열린다. 병리적 가정에서 성장한 사람은 부모를 향한 증오를 억압한다. 먼저 그 억압의 봉인을 풀고 증오를 자각해야 한다. 자신이 외면한 감정에 눈을 뜨는 과정은 마음 성장에서 빠뜨릴 수 없다.

자기 마음속 감정을 당당하게 정면으로 마주해 성장하는 사람도 있다. 그 과정에 부모를 향한 미움의 감정을 깨닫기도 한다. 정서적 성장을 위해서는 왜 그런 미움과 적대감이 자기 마음 깊은 곳에 도사리고 있는지 원인을 파헤쳐보아야 한다.

원인이 뭘까? 어쩌면 거세 공포를 느끼기 때문일지도 모른다. 거세 공포라는 용어가 부담스럽다면 '박해 공포'라고 바꿔 말해도 좋다. 가정 내에서 '성'은 금기시하는 주제지만 경직된 가족에게 속박되면 근친상간 열망이 생겨난다. 그 열망은 자연스럽게 무의식 영역으로 넘어간다. 무의식 영역에 그런 열망이 있는 이상 지배적인 사람에게 거세당할지 모른다는 공포가 생기는 건 당연한 일이다.

병리적 가정에서 성장한 사람은 부모를 향한 적대감을 자각하는 동시에 적대감의 원인인 거세 공포, 즉 박해 공포에까지 눈을 돌리고 제대로 해결해야만 완전한 해방을 얻을 수 있다. 그 순간 비로소 굳건한 자아동일성을 완성한다.

Counseling

27

# 상대방을 궁지에 몰아넣어 자기 존재를 확인하려 하는 사람을 조심하라

상담자

"가정이나 직장에서 자신을 피해자로 기정사실화해놓고 상대방에게 자신이 듣고 싶은 부정적 대답이 돌아올 때까지 추궁하고 괴롭히는 사람을 만나면 어떻게 대처해야 할까요?"

심리학자

"상대방의 말을 적절히 받아치되 모든 말을 논리적으로 따지고 들거나 반박하려고 하지 마세요. 되도록 반박하기보다 들어주고 공감해주려고 노력하세요. 다만 상대방의 부정적 기류가 당신에게 전염되지 않도록 주의하세요."

## "당신들이 경영자라도
## 절 뽑지 않을 거잖아요!"

"다른 사람을 자극해 불쾌감을 유발함으로써 자신이 한심한 인간이라는 확신을 얻으려고 한다."

이런 글을 읽으면 사람들은 대부분 말도 안 되는 소리라고 생각한다. 그처럼 일부러 긁어 부스럼을 만드는 어리석은 사람이 어디 있겠느냐는 거다. 나도 처음에는 잠자는 사자의 코털을 건드리는 어리석고 무모한 사람의 심리를 이해할 수 없었다.

교류분석을 다룬 책을 읽다 보면 이러한 문장을 흔하게 만난다. 나는 저렇게 멍청한 사람이 어디 있겠냐고 생각하면서도 희한하게 마음에 찜찜함이 남았다. 결국 나는 내 마음을 찬찬히 들여다보고 다른 사람의 말과 행동을 세밀히 관찰한 뒤에야 비로소 저자의 주장이 그리 황당한 것만은 아니라는 깨달음을 얻었다.

오래전 나는 텔레비전의 인생 상담 프로그램에 나온 한 출연자에게 깊은 인상을 받은 적이 있다. 그것은 나를 포함한 대여섯 명의 패널이 출연자에게 심리 상담을 해주는 프로그램이었는데, 그 젊은 여성은 마땅한 일자리를 찾지 못해 애를 먹고 있다고 했다.

그런데 언뜻 보기에 그녀는 일자리를 찾느라 고생하는 사람처럼 보이지 않았다. 특별히 건강상의 문제도 없어 보였고, 하루 여덟 시간 근무가 힘들어 보이지도 않았다. 겉으로 보기에 그녀는 지극히 평범한 여성이었다.

그런데도 그녀는 어느 회사에 지원을 하고 면접을 보아도 번번이 떨어진다며 울상을 지었다. 그녀는 자신이 일반 사무 업무를 맡을 충분한 능력을 갖추고 있지만 아무도 자신을 고용하지 않는다고 분통을 터뜨렸다. 대여섯 명의 패널은 일단 격려를 해준 다음 입을 모아 혹시 혼자서만 그렇게 생각하는 것은 아니냐고 물었다. 그녀에게 자초지종을 들은 패널들이 슬슬 짜증을 내기 시작했다. 그러자 그 여성은 대뜸 이렇게 말했다.

"당신들이 경영자라도 절 뽑지 않을 거잖아요!"

두세 명의 패널이 그렇지 않다고 말하며 그녀를 달래주려 했다. 그러나 이미 그 시점에 다른 패널들은 그녀의 끈질긴 자기비하에 신물을 내고 있었다. 나는 잠시 입을 다물고 그녀를 가만히 지켜보았다. 도대체 이 사람이 무슨 말을 할까 싶어 오가는 대화를 듣고만 있었던 것이다.

몇몇 패널이 "저는 필요하다면 당신을 고용하겠습니다"라고 말하자 그녀는 "어차피 거짓말이잖아요"라고 쏘아붙이듯 대꾸했다. 그녀는 텔레비전 프로그램이라 그런 입바른 소리를 하는 거라고 우기기 시작했다. 급기야 한계에 다다른 한 여성 패널이 이렇게 말했다.

"출연자 분은 마치 우리에게 자신을 고용하지 않겠다는 대답을 듣고 싶어 안달 난 사람 같군요."

누가 보기에도 그 출연자는 패널들을 당혹스럽게 만들고 있었다. 그녀는 기다렸다는 듯 "그럴 줄 알았어요. 당신도 똑같아요. 저를 한심한 사람으로 보고 있잖아요"라며 다시 말을 시작한 그녀는 여성 패널의 말꼬리를 잡고 늘어졌다. 무슨 말을 해도 통하지 않을 분위기에서 마침내 한 패널이 솔직히 말했다.

"제가 경영자라면 출연자 분을 뽑지 않겠어요."

이 말을 들은 그녀는 득의양양한 표정으로 다음과 같이 선언했다.

"거봐요. 제가 뭐랬어요. 그럴 거라고 했잖아요."

끝내 그녀는 그 자리에 있던 모든 패널이 "저는 출연자 분을 뽑지 않겠습니다"라는 말을 하게 만들었다. 나는 그 프로그램에 일 년 가까이 참여했는데, 그녀는 특히 기억에 남는

출연자였다. 그 출연자는 모든 패널에게 불쾌감을 이끌어내어 어색한 분위기를 만들었고, 그녀는 '자신은 아무도 써주지 않는 한심하고 무익한 인간'이라는 사실을 확인한 듯했다.

## 자신이 가치 없는 인간이라는 사실을 느낄 때까지 상대방을 공격하고 압박하는 사람들의 심리는?

이보다 더 확실한 사례도 있다.

어느 날 3학년 학생이 내 연구실로 상담을 받으러 왔는데, 아무래도 4학년으로 졸업하기가 힘들 것 같아 고민 중이라고 했다. 내가 학점 이수 내용 등을 물어보니 앞으로 일 년만 노력하면 4학년에 졸업할 수 있을 것 같았다.

"열심히 하면 4학년에 졸업할 수 있지 않을까?"

"저는 공부만 하면서 대학생활을 보내고 싶지 않아요."

"그럼 5학년에 졸업해야겠네."

"그건 싫어요."

"왜?"

"부모님께 드릴 말씀이 없어서요."

집에서 보내주는 돈이 없으면 대학생활이 힘들어서 부모에게는 도저히 말할 수 없다고 했다.

"그러면 4학년에 졸업할 수 있도록 노력하게."

"공부만 하는 대학생활은 싫다고 말씀드렸잖아요."

도저히 빠져나올 수 없는 개미지옥 같은 대화였다.

"이것도 싫다, 저것도 싫다, 그럼 어쩌겠다는 말인가."

더 주고받은 이야기는 정확히 기억나지 않지만 마지막에 했던 말은 똑똑히 기억난다.

"자네는 도대체 뭘 상담하러 왔나?"

"저는 교수님이 언짢아지시면 그걸로 충분합니다."

그 학생은 처음부터 끝까지 내게서 불쾌감을 이끌어내려 도발한 것이었다. 내가 좀처럼 화낼 기미를 보이지 않자 불쾌감을 유발하려 집요하게 도발하고 또 도발했다. 그래도 내가 끝까지 화를 내지 않자 그는 이렇게 말하기까지 했다.

"교수님 기분이 언짢아지시면 그걸로 충분합니다."

이런저런 상담에 응하다 보면 믿기 힘들 만큼 심각하게 자기혐오에 빠진 사람도 만난다. 그런 사람은 상대방이 자신을 거부하도록 끈질기게 요구하는데 이건 정말 불가사의한 일이다. 이들은 상대방이 자신을 거부하게 만들어야 속이 시원해지는 모양이다. 결국 "너는 글렀어"라는 말이 나오면서 두 사람 다 찜찜한 불쾌감을 안은 채 만남이 끝난다.

또한 그들은 누군가와 교류할 때마다 자신이 가치 없는 인간이라는 사실을 느끼도록 상대방을 공격하고 압박한다.

## 상대방을 난처하게 만드는 것이 상대방의 관심을 얻는 가장 확실한 방법이라고?

연애가 끝을 향해 내달릴 때도 앞에서 소개한 사례와 비슷한 이별 방식을 쉽게 찾아볼 수 있다. 우선 연인 중 한쪽이 상대방이 대답하기 까다로운 질문을 던진다. 어떤 대답도 하기 어려운 질문이다. 가령 상대방이 이번 주 일요일에 회사에서 연수를 떠난다는 것을 알면서 굳이 이렇게 묻는다.

"이번 주 일요일에 어디 놀러 가면 좋겠는데, 안 될까?"

명백히 할 필요가 없는 질문이다. 이런 질문을 던져놓고 상대방이 난감해하는 기색을 내비치면 "어차피 못 갈 줄 알았어"라며 서운한 표정을 짓는다. 이쯤 되면 상대방은 뭐라고 대꾸할 말이 없어 입을 굳게 다물어버릴 수밖에 없다.

그게 시작이다. 그 주제를 질리지도 않고 계속 꺼내 한 시간쯤 도돌이표처럼 반복한다. 그러다가 상대방이 쩔쩔매며 고민스러워하는 모습을 보고 내키지 않는다는 듯 "그럼 됐어"라고 말한다. 물론 그는 이 시점에도 절대 그 이야기를 끝낼 생각이 없다. 상대방이 자신의 말 한마디에 어쩔 줄 몰라 하는 모습을 보고 안심할 따름이다. 즉, 그는 상대방을 궁지에 몰아넣어 자기 존재를 확인하기 위해 그런 짓을 하는 셈이다.

이런 사람은 상대방을 난처하게 만드는 것이 상대방의 관심을 얻는 가장 확실한 방법이라고 믿는다. 그 행동의 어딘가에 마조히즘과 유사한 자기비하가 깔려 있다. 만약 상대방이 곧이곧대로 "이번 주 일요일? 회사에서 연수를 가잖아"라고 대답하면 "역시 자기는 날 사랑하지 않는구나. 사랑하지 않는다면 우리 그만 헤어져"라고 이별을 들먹이며 협박한다. 이때 상대방이 "그래, 그럴까? 우리 진짜 헤어질까?"라고 말하면 이번에는 온통 피해자 연기를 하며 상대를 괴롭히고 지배하려 든다.

'나는 사랑받을 가치가 없는 사람'이라는 사고방식이 마음속에 습관으로 뿌리 내린 사람은 좀처럼 상대방의 사랑을 믿지 못한다. 일단 누군가를 사귀면 상대방이 자신을 사랑한다는 사실을 확인하려고 끈질기게 시험한다.

이 유형은 상대방을 있는 그대로 사랑하고 사랑받으려 하지 않는다. 상대방을 곤란하게 만들어 불쾌감을 유발하려는 목적으로 교제를 시작하지만 자신은 그러한 목적을 의식하지 못한다.

이런 사람을 멀쩡한 사람처럼 상대하면 그의 자기부정 기류에 휩쓸려 만날 때마다 불쾌감에 시달리게 된다. 연애할 때는 대개 진지하게 상대하므로 이러한 유형을 만나는 사람은 상대방의 자기부정 기류에 쉽게 휩쓸린다. 그리고 마지막에는 만남이 싸움으로 끝을 맞이하고 만다.

데이트를 하다가 싸우고 각자 집으로 돌아가는 연인의 모습은 흔하게 볼 수 있다. 그들은 유쾌한 기분으로 시간을 함께 보내다가 즐거운 마음으로 헤어지자고 결심해놓고 사소한 일로 대판 싸우고 불쾌한 기분으로 헤어진다. 아무리 한쪽이 싸우지 않고 웃는 얼굴로 헤어지겠다고 다짐해도 소용없다. 다른 한쪽이 자기부정 심리를 확인하려고 벼르고 달려들면 어느새 불쾌한 감정 기류에 휘말려버리기 때문이다.

그중에는 매번 같은 주제로 싸운 뒤 불쾌한 기분으로 헤어지는 연인도 있다. 최악은 만날 때마다 이별 이야기를 꺼내는 관계다. 이별을 통보하는 쪽도 처음에는 헤어지자는 말을 할 생각은 아니었겠지만 이야기를 하다 보니 자기도 모르는 사이에 그렇게 되고 만다. 아마도 이별 이야기를 꺼내는 것이 상대방의 관심을 사로잡는 가장 확실한 방법이기 때문일 것이다.

Counseling

28

# 자기부정 심리를 자기긍정 심리로 바꾸면 사랑도 쉬워진다

상담자

"제 남자친구는 습관처럼 헤어지자는 말을 합니다. 그래서 날 사랑하지 않느냐고 물어보면 그건 아니랍니다. '사랑한다'라는 말과 '헤어지자'라는 말 중 어느 것이 그의 진심일까요?"

심리학자

"둘 다 진심일 겁니다. 남자친구가 당신을 사랑하면서도 헤어지자고 말하는 건 그의 내면에 '나는 사랑받을 가치가 없는 사람이다'라는 자기부정 심리가 깔려 있기 때문입니다. 그래서 당신이 아무리 진심으로 사랑한다고 말해도 그 말을 믿지 못하죠. 그러므로 '나는 충분히 사랑받을 가치가 있는 사람이다'라는 믿음이 그의 내면에 싹틀 수 있도록 도와줘야 합니다."

## 자기부정 심리 태도가 몸에 밴 사람이 다른 사람을 사랑하지 못하는 이유

일반적으로 연인 사이에서는 상대방이 왜 먼저 헤어지자는 말을 꺼냈는지 그 동기에 관심이 쏠리게 마련이다. 그러나 동기보다 상대방이 툭하면 이별 이야기를 꺼내는 이유에 좀 더 주목해야 한다.

그러면 그 이면에 묘한 자기부정 태도가 깔려 있음을 눈치채게 된다. '나는 아무런 가치도 없는 사람이다', '나는 사랑받을 자격이 없다'라는 전제가 기본적으로 깔려 있다는 얘기다. 이러한 자기부정의 심리 태도는 무너뜨리기 어렵다.

이별 이야기를 꺼내는 데는 심리 자세를 강화하려는 측면이 있다. '나는 사랑받을 가치가 없다'라고 느끼면 아무래도 상대방의 사랑을 순순히 믿지 못한다. 물론 마음속으로는 그것을 믿고 싶어 한다. 믿고 싶지만 믿지 못할 때는 어떻게 될까? 집요하게 확인할 수밖에 없지 않을까? 이별 이야기를 꺼내 상대방의 관심을 끌고 그 사람의 사랑을 확인해도 여전히 믿지 못하면 끈덕지게 같은 이야기를 반복하면서 상대방을 물고 늘어질 수밖에 없다.

때로 불안에서 비롯된 순종적인 태도를 보이기도 한다. 그러면 상대방은 그렇게 얌전할 때도 있다며 헤어질 결심을 접는다.

그렇게 관계를 이어가지만 만나면 다시 불쾌해진다. 만나서 즐겁게 시간을 보내면 좋으련만 꼬치꼬치 따지면서 물고 늘어지니 불쾌한 기분으로 돌아서며 그만 헤어져야겠다고 결심한다. 두 사람에게 아무런 의미도 없는 관계라는 생각이 들어서다. 아쉽지만 이별이 두 사람에게는 최선의 선택으로 보인다.

그런데 변덕처럼 나타난 순종적인 태도에 순간 결심이 흔들린다. 결국 툭하면 헤어지자고 울고불고 싸우면서도 좀처럼 헤어지지 못하는 또 하나의 커플이 탄생한다.

여기서 순종적인 태도는 한 걸음 더 나아가면 마조히즘으로 발전할 위험성이 있다. 이것은 자신을 믿지 못하고 자기 가치를 확인하지 못하는 탓에 누군가 힘 있는 사람에게 빌붙어 지배당하며 안심하려는 심리상태에 지나지 않는다.

자기부정이라는 심리 태도가 몸에 밴 사람은 다른 사람을 사랑하지 못한다. 어린 시절부터 사랑에 굶주려 욕구 불만에 시달린 터라 오로지 사랑받기를 원하고 갈수록 집요해진다.

점점 더 많은 것을 요구하는 탓에 상대방은 지쳐 나가떨어진다. 그러면 역시 자신은 사랑받을 수 없는 사람이라고 확신하고 결론 내린다.

한편 이러한 심리 태도를 보이는 사람이 "당신을 사랑해요"라고 말할 때는 좀 더 순종적인 지배를 받아들인다는 뜻으로 해석할 수 있다. 이때 상대방이 하는 말에 고분고분 따르면서 상대방에게 사랑을 고백한다.

## 그들은 왜 이별 이야기를 질리도록 반복하면서도 헤어지지 못할까?

자기 부정이라는 심리 태도를 보이는 사람과 사랑에 빠진 사람에게는 아무 잘못도 없을까? 사랑에 빠지는 것은 그야말로 한순간이라 서로를 제대로 알기 어렵다.

문제는 앞에서 설명한 대로 이별 이야기를 질리도록 반복하면서도 좀처럼 헤어지지 못하는 관계다. 한쪽이 무심코 상대방을 도발해 불쾌하게 만들면 상대방은 불쾌감을 느낀다. 그런데도 두 사람은 헤어지지 못한다. 왜 이런 일이 벌어질까? 불쾌해진 쪽에서 자신이 불쾌해지면 상대방이 변하지 않을까 기대하기 때문이다.

어느 날 두 사람이 만나고, 대화는 언제나처럼 이별 쪽으로 치닫는다. 한쪽이 슬슬 짜증을 내기 시작한다. 마지막에 분통을 터뜨릴 때도 있고 불쾌감이 역력한 얼굴로 입을 꾹 다물고 있을 때도 있다.

이 사람은 자신이 화를 내거나 불쾌한 얼굴로 침묵하면 상대방이 반성하고 더는 이별 이야기를 꺼내지 않을 거라고 믿는다. 자신의 분노와 불쾌한 침묵으로 상대방이 변할 것이라고 기대하는 것이다. 그러나 그러한 기대야말로 그 사람을 물귀신처럼 그 관계로 질질 끌어들이는 원흉이다.

안타깝게도 그 기대는 배신당하고, 다음번에도 다시 같은 주제를 두고 제자리에서 맴돈다. 그 사람은 또다시 분노와 불쾌한 침묵을 무기 삼아 대항한다. 그리고 여전히 상대방이 바뀔 것이라고 기대한다. 그 기대는 번번이 배신당한다. 기대하는 쪽에서는 몇 번이나 기대가 어긋나도 오뚝이처럼 일어나 다시 기대감을 품는다. 사실 이 심리에는 심각한 문제가 숨어 있다.

이 사람도 어린 시절부터 자신의 불쾌감으로 상대방을 바꾸려는 심리 태도를 완성해왔다. 자신이 불쾌감을 내비침으로써 상대방의 말과 행동을 바꿀 수 있다고 믿는 사람은 의외로 많다.

어린아이, 부모, 교사, 학생 모두 이 방법을 사용하는 경우가 많다. 아이는 엄마에게 꾸중 들으면 훌쩍거리며 서럽게 운다. 방구석에서 그렇게 계속 울고 있으면 언젠가 엄마의 태도가 바뀌지 않을까 기대하면서 말이다.

부모는 아이의 성적표를 보고 깊은 한숨을 내쉬며 실망감을 잔뜩 실은 침묵으로 시위한다. 그러면서 자신이 실망감에 젖어 침묵함으로써 아이가 반성하는 태도를 보여주지 않을까 기대한다. 자신의 불쾌감을 보고 상대방이 죄의식을 느껴 태도를 바꾸리라 기대하는 것이다.

초등학교 여선생님도 훌쩍훌쩍 흐느낄 때가 있다. 학생들이 마구 날뛰며 아무리 타일러도 말을 듣지 않으면 선생님은 그야말로 순간적으로 공황 상태에 빠진다. 선생님은 온몸으로 지치고 슬픈 기색을 내비치며 말없이 칠판을 향해 돌아선다. 때로 말없이 고개를 숙이고 바닥만 바라볼 때도 있다. 슬픔과 비참한 감정으로 학생들의 태도를 바꾸려는 심산이다.

불쾌감으로 상대방에게 죄의식을 부여해 그 죄의식으로 상대방을 바꾸려 하는 것은 때로 말보다 더 큰 효과를 발휘한다. 그렇지만 이 경우 바뀌는 쪽도 불쾌해진다. 죄의식을 느껴야 하기 때문이다.

이처럼 입으로 확실히 말하지 않고 옆구리 찔러 절 받는 식으로 압력을 가해 다른 사람을 교묘히 조종하는 사람이 있다. 이 강요는 양쪽 모두에게 말할 수 없는 불쾌감을 남긴다.

## 남녀관계에서 헤어지자는 말을 먼저 하는 쪽이 자기 존중감이 떨어지는 경향이 있다?

어린 시절부터 다른 사람의 말과 행동을 바꿀 목적으로 불쾌감을 이용해 사람을 조종하는 데 성공해온 사람도 있다. 그들은 평생 그 방법으로 다른 사람의 말과 행동을 조종하려 한다. 매번 이별 이야기를 꺼내고 불쾌감으로 결론을 맺는 연인관계도 여기에 속한다.

남녀관계에서 헤어지자는 말을 먼저 꺼내는 쪽은 자신은 사랑받을 가치가 없다고 생각하는 경향이 있다. 그 사람은 상대방의 사랑을 확인하려고 부정적인 이야기를 끈질기게 하고 또 한다. 그 결과 불쾌한 말다툼과 침묵이 뒤따른다. 불쾌해져 입을 다물어버리거나 화를 내는 쪽은 자신의 분노와 침묵으로 상대방이 반성하고 다음에는 태도를 바꾸지 않을까 기대한다.

그렇지만 자신은 사랑받을 가치가 없다고 느끼는 탓에 집요하게 사랑을 확인하려 하는 쪽은 다음번에 서로 말다툼을 벌여 불쾌감이 생기면 도리어 자신은 사랑받을 가치가 없다는 느낌을 더 강화한다. 다른 한쪽은 지난번 자신의 불쾌감으로 상대방이 죄의식을 느끼고 반성해 태도를 바꾸리라고 예상한다. 이 두 사람이 만나면 지난번과 같은 결말을 맞이하리라는 것은 불을 보듯 뻔한 일이다.

만날 때마다 불쾌감을 느끼면서도 끝까지 헤어지지 못하는 관계는 서로 마음 어딘가에 숨은 문제를 안고 있을 가능성이 크다. 그것이 때로 헉 소리가 나올 만큼 심각한 문제일 수도 있다.

사실 자신이 무가치한 인간이라는 것을 확인하려고 상대방을 불쾌하게 만드는 사람이 있다는 사실을 선뜻 믿기 어렵다. 당사자조차 설마 자신이 그런 사람일 거라고는 생각하지 못한다. 상대방도 자신의 분노와 불쾌한 침묵이 정당하다고 믿기에 자신이 어린 시절부터 다른 사람에게 어떻게 대해왔는지 돌아보고 반성하지 않는다.

Counseling

29

# 당신이 자신을 억압하면 다른 사람도 당신을 억압한다

상담자

"전 누가 제게 호의를 베풀면 한편으로 기쁘지만 다른 한편으로 왠지 모르게 마음이 불안해집니다. 왜 기뻐하기만 할 수 없는 걸까요?"

심리학자

"자신도 알지 못하는 내면의 깊은 곳에 '나는 호의를 받을 가치가 없는 사람'이라는 생각이 자리하고 있기 때문입니다. 그 생각 때문에 누군가가 호의를 베풀면 불안해지는 겁니다. 한편으로 다른 사람의 호의에 기대면서도 이기적인 인간이라고 비난받을까 봐 두려워하고, 제멋대로 군다고 무리에서 소외되고 따돌림 당할까 봐 걱정하는 겁니다."

## 그 사람은 왜 자기 자신에게조차
## 자신의 이기심을 숨기고 억압할까?

다른 사람의 호의를 덥석 받아들이고 여기에 매달리는 원인은 다음의 몇 가지로 추정할 수 있다. 그중 하나는 그 사람이 자기 자신을 무가치한 사람으로 느끼는 감정에서 비롯된다. 또 다른 원인은 그 사람이 자신의 이기심을 억압하고 있기 때문이다.

그 사람은 자기 마음속에 무엇이든 자기 멋대로 하고 싶은 이기심을 숨겨두고 있다. 마음속으로는 이기주의자에다 자기 욕구를 위해 다른 사람을 이용하려는 '바람직하지 않은 인간'이라는 감정을 느끼고 있다. 그러나 그 사람은 자신에게서 느끼는 그 감정을 자기 자신에게조차 숨긴다. 즉 자신을 억압하는 것이다.

그 사람은 마음속에 있는 진짜 자기 모습이 다른 사람에게 알려지면 어쩌나 두려워한다. 마음속으로 자신을 바람직하지 않은 인간이라고 느낄수록 늘 다른 사람의 눈치를 보며 다른 사람이 자신을 어떻게 생각할지 신경 쓴다. 있는 그대로의 자기 모습을 솔직히 긍정할 수 있으면 다른 사람이 자신을 어떻게 생각하든 겁낼 필요가 없다.

아무튼 이 사람은 자기 마음속에 늘 도사리고 있는 '나는 누군가의 호의를 받을 수 있을 만큼 가치 있는 인간이 아니다'라는 생각 때문에 누군가가 호의를 베풀면 불안해진다. 물론 자신감이 없기에 누군가가 자신에게 호의를 베풀면 반색하고 기뻐한다. 기쁘면서도 불안한 것이다. 그러면서 그 호의가 계속 유지되기를 바라지만 그러려면 거기에 기대서는 안 된다고 다짐한다.

### '내가 가면 폐가 된다.<br>폐를 끼쳐선 안 돼!'

이런 유형의 사람은 설령 다른 사람에게 어리광을 부리고 싶어도 그럴 수가 없다. 때론 다른 사람의 호의에 기대고 싶지만 어리광을 부리다 자칫 어렵게 얻은 호의마저 잃게 되지나 않을까 두렵기 때문이다. 이 유형의 사람은 어린 시절부터 주위 사람들의 호의에 기댈 수 없었다. 주위 사람들은 그 사람의 어리광을 받아주지 않거나 마지못해 받아주면서 엄청난 은혜를 베푼다는 식으로 대했을 것이다.

이 사람은 어리광 욕구를 자주 거절당하는 환경에서 자랐거나 적어도 그렇게 느끼며 자랐을 확률이 높다. 그러므로 다른 사람의 호의에 기대면서도 이기적인 인간이라고 비난받을까 봐 두려워한다. 제멋대로 구는 사람이라고 무리에서 소외되고 따돌림 당할까 봐 무서워하기도 한다.

이러한 유형의 사람은 자신이 확실히 소속되어 있다고 느끼지 못한다. 자신의 말과 행동에 따라 집단 구성원으로 받아들여질 수도 있고 거절당할 수도 있다고 느낄 따름이다. 그는 자신이 속한 집단 혹은 사회에 소속감이 투철하지 않다. 단지 자신이 주위 사람이나 집단에 이바지하는 덕분에 무리와 집단에 겨우 받아들여진다고 믿는다. 그리고 그는 자신이 믿는 대로 느낀다.

이 사람은 상대방의 호의에 기대면 상대방에게 부담을 주지만 어쨌든 자신의 바람은 이룰 수 있다고 믿는다. 이 생각은 상대방이 실제로 부담감을 느끼느냐 아니냐와는 별개의 문제다. 어쩌면 상대방은 누군가에게 보탬이 된다는 생각에 기뻐할 수도 있다. 다만 이 사람은 상대방이 자신을 달갑게 여긴다고 상상하지 못한다. 그래서 그는 상대방에게 부담을 주면서 자신의 바람을 이룰 수 있다고 여긴다. 그는 상대방의 호의를 기대하다가는 거부당할 가능성이 크다고 느낀다.

우울증 환자는 다른 사람의 호의를 선뜻 받아들이지 못한다. 일테면 이런 식이다.

'내가 가면 폐가 된다. 폐를 끼쳐선 안 돼!'

이 말은 자신을 거부하지 말아달라는 마음속 외침이나 다름없다. 자신이 다른 사람에게 거부당할지 모른다는 불안이 있기에 귀가 아프도록 "내가 가면 폐가 된다"라는 말을 반복적으로 하는 것이다. 이 유형은 자신을 받아들이지 못하며 어려서부터 사랑받는 공동체에서 자라지도 못했다.

공동체는 자신을 있는 그대로 편안하게 받아들여준다. 그 공동체 구성원이라는 자격은 '내가 나'라는 사실만으로도 충분하다. 공동체는 기능집단과는 다르다. 기능집단에서는 내가 모종의 역할을 해야만 한다. 예를 들어 영리를 목적으로 하는 기업에서 게으름을 피우거나 공금을 유용하면 그 기업 구성원으로서의 자격을 유지할 수 없다.

## 우울증 환자를 만들어내는 가족, 아들과 딸을 수단으로 여기는 부모

가족은 본래 공동체다. 가장 기본적이고도 근원적인 공동체다. 그러나 우울증 환자를 만들어내는 가족이라면 얘기는 달라진다. 이렇게 되면 가족은 더는 공동체가 아니라 기능집단으로 변질된다. 공동체에는 애초에 특정한 목적이 없지만 그 집에는 사회적 지위 향상이라는 목적이 있다.

목적이 있으면 당연히 그 목적을 이루기 위한 수단과 방법이 생기기 마련이다. 이 가족에게는 아들이나 딸이 그 수단이다. 아들 혹은 딸의 성공으로 목적을 달성하려는 게 이 가정이다. 이 같은 가정에서 자란 아이는 공동체가 지닌 따스함을 알지 못한다. 그저 자신이 다른 사람의 목적일 때만 그나마 다른 사람에게 받아들여질 수 있다고 믿는다.

상대방의 목적을 이뤄주지 못한다 해도 상대방에게 받아들여질 수 있다는 사실을 알았을 때 인간은 비로소 구원받는다. 상대방의 호의를 있는 그대로 받아들이지 못하는 사람, 상대방에게 폐를 끼치지나 않을까 하여 극도로 조심하고 몸을 사리는 사람, 우울증 성향을 보이는 사람은 세상에 자신을 위한 구원이 존재한다는 사실을 알지도 못하고 믿지도 않는다.

사실 이 구원이야말로 진정 사랑이라는 이름으로 불릴 만한 사랑이다. 당신 자신이 하고 싶은 일과 상대방이 당신에게 기대하는 일이 일치하지 않을 때, 당신이 하고 싶은 일을 선택하는 것이 상대방의 호의에 기댄다는 말의 속뜻이다.

당신이 하고 싶은 일을 선택해도 상대방이 당신을 이해해주고, 둘의 관계도 무너지지 않는다는 느낌은 우정의 일면이기도 하다. 상대방의 기대에 부응하지 못해도 당신을 거부하지 않을 거라고 느끼는 순간이 당신과 상대방이 인간으로서 진짜 소통하는 짜릿한 순간이다. 상대방에게도 당신의 요구를 받아들이는 게 그다지 큰 고통은 아니다.

거짓 상호성(pseudo-mutuality, 가짜 친밀성. 구성원 간의 내부 갈등을 무시하는 형태로 겉보기에 화목한 척하는 것) 개념에는 이런 측면이 없다. 이 개념은 상대방이 당신에게 기대하는 일을 당신을 희생해서라도 실행해야 비로소 성립하는 관계를 말한다. 상대방이 당신에게 거는 기대를 모든 일에 우선하지 않으면 성립하지 않는 관계다.

예를 들어 다섯 명으로 이루어진 어떤 집단이 있다고 해보자. 작은 기업이라 생각해도 좋고 동아리 모임이라 가정해도 좋다. 어쨌든 지금 다섯 명이 힘을 합쳐 수행해야 하는 일이 있다. 다섯 명이 힘을 합쳐야 개개인이 떠안는 부담이 줄어든다. 이때 한 명이 과제에 몰두할 수 있는 형편이 아닌데, 그 사유가 누구나 용납할 수 있는 것이 아니다. 이는 어디까지나 그 사람의 개인 사정일 뿐이다. 이를테면 옛 친구와 만나 술을 마시는 정도의 중요해 보이지 않는 일이다.

만약 나머지 네 명이 업무를 분담하고 조율해 그 한 사람이 공동체 업무를 하지 않아도 괜찮도록 배려하면 그는 옛 친구와 시간을 보낼 수 있다. 그 사람은 자기 형편에 따라 일에서 빠져도 하루 정도는 동료들이 눈감아주고 집단에서 배제되지 않을 거라고 확신한다. 그래서 그는 동료들의 호의를 선선히 받아들인다. 그 사람과 동료들의 소속감이 강력하고 안정되어 있기 때문이다.

거짓 상호성 개념 안에는 그 같은 유연성이 없다. 외형상 그 관계는 아주 이상적인 관계처럼 보이지만 막상 내막을 파고 들어가 보면 숨이 막힐 정도로 답답하다. 심지어 집단 외부 사람과의 관계는 모조리 배신으로 간주하는 경향이 있다.

또한 자신도 섣부른 행동을 하지 않고 상대방에게도 섣불리 행동하지 말라고 요구한다. 내부의 모든 존재를 통합된 집단으로 가정하는 게 상호성이다.

## 거짓 상호성으로 이루어진 관계가 기반이 약할 수밖에 없는 이유

한 사람에게는 다양한 '얼굴'이 있다. 집 안에서의 역할, 직장에서의 인간관계, 동호회 회원과의 관계, 옛 친구와의 우정 등에 따라 그 얼굴은 카멜레온처럼 달라진다. 그 모든 얼굴은 그 사람의 자아로 통합되고 그렇게 통합된 인간과 인간 사이의 교류가 이른바 인간관계다.

가령 직장 회식에 빠지고 같은 취미를 즐기는 동호회 사람들을 만나러 간다고 해서 직장동료보다 취미모임 사람들을 우선시한다고 단언할 수는 없다. 굳이 말하자면, 이는 자아라는 통합된 존재를 우선시해서 생기는 현상이다. 누구보다 누구를 우선시하는지, 누구에게 충성을 맹세하고 누구를 배신하는지의 문제가 아니다.

그러나 거짓 상호성으로 이루어진 세계라면 직장동료보다 동호회 사람들을 우선시한다고 해석한다. 나아가 이는 기정사실로 굳어진다. 거짓 상호성이란 자아 기반이 약한 사람들 사이의 관계이기 때문이다.

자아를 확립한 사람들 사이에서는 그처럼 잘못된 해석을 하지 않는다. 다섯 명이 함께 처리해야 하는 일에서 어쩌면 한 명이 빠져도 나머지 네 명은 자신들이 우선순위에서 밀려나 푸대접을 받는다고 느끼지 않는다. 또한 공동 작업에서 빠진 사람도 그렇게 생각하지 않는다. 그것이 바로 호의라는 개념이다.

"오늘 빠져도 괜찮아?"

"그래."

이 짤막한 대화에서 호의가 느껴지지 않는가? 호의를 기반으로 한 사람들 사이에서는 안심하고 자신의 요구를 전달할 수 있다.

빈틈없이 행동하는 사람의 내면에는 상대방의 허술한 행동을 용납하지 않겠다는 마음이 숨어 있다. 상대방이 자신의 기대와 어긋나는 행동을 한다 해도 상대방을 향한 관대한 마음이 달라지지 않는 시점을 '호의'라고 부른다.

Counseling

30

# 상대방의 있는 그대로의 모습, 존재 자체에 관심을 가져라

상담자

"전 다른 사람과 좋은 관계를 유지하기 위해
항상 저 자신이 헌신해야 한다고 믿는 편입니다.
이런 태도의 가장 큰 문제는 뭘까요?"

심리학자

"상대방과의 관계에 자신 없는 사람은 관계 유지를 위해 항상 자신이 헌신해야 한다고 믿습니다. 왜곡된 인간상은 성숙한 사람과의 만남을 방해합니다. 자신이 상대방에게 헌신하지 않으면 상대방도 자신을 인정하지 않을 거라는 자아상이죠."

## 존재 자체에 호의를 보이는 사람은 상대방이 기대에 어긋나는 행동을 해도 호의에 변함이 없다

아집이 강한 사람은 상대방이 자신의 기대에 부응하지 않으면 곧바로 악의를 품는다. 그는 지금까지 상대방이 자신에게 보여준 모든 관심과 배려, 호의를 깡그리 잊어버린 듯 말하고 행동한다. 아집으로 뭉친 사람은 얼핏 보면 상대방에게 호의가 있는 것처럼 보이지만 사실은 그렇지 않다. 이런 유형의 사람은 상대방의 존재 자체에 관심이 별로 없고 좀처럼 호의를 보이지도 않는다. 그는 그저 상대방이 자신에게 관심을 가져주고 이기심 장단에 맞춰주는 동안에만 상대방을 좋아할 따름이다. 즉, 아집이 강한 사람은 다른 사람의 존재에 관심을 갖는 일보다는 오로지 자신의 이기심을 충족하는 일만 소중히 한다.

다른 사람의 존재 자체에 관심이 많고 한결같이 호의를 보이는 사람이라면 어쩌다 상대방이 자신의 기대에 어긋나는 행동을 해도 호의에는 변함이 없다. 세상에는 어지간한 일로는 쉽사리 관심을 끊거나 호의를 저버리지 않고 꾸준히 정중한 태도를 유지하는 사람도 많이 있다. 이런 이는 이른바 성숙한 사람이라 할 만하다.

호의를 느끼는 사람은 불안에 따른 지속적 긴장감에 시달리거나 지치지 않는다. 반대로, 늘 불안해하며 긴장한 채로 살아가는 사람은 상대방에게 베푸는 호의의 존재를 알지도 못하고 느끼지도 못한다. 이런 사람도 참된 호의를 접할 때가 있지만 그 호의를 감지하지 못한다. 오로지 상대방의 기대를 저버리면 미움을 받는다거나 거절당할지 모른다는 생각밖에 하지 못한다.

그만큼 상대방과의 관계에 자신이 없는 사람은 그와 원만한 관계를 유지하기 위해 항상 자신이 헌신해야 한다고 믿는다. 하지만 성숙한 사람과는 관계 유지를 위해 상대방에게 무조건 헌신할 필요는 없다.

상대방에게 거절당할까 늘 두려워하는 사람은 어린 시절 아집이 강한 사람들 사이에서 자랐을 확률이 높다. 그처럼 아집이 강한 사람을 본보기로 삼으면 인간상이 왜곡되고 관계마저 해치고 만다. 실제로 이런 유형의 사람은 성숙한 사람을 만나도 아집이 강한 사람을 만날 때와 별 차이가 없는 반응을 보인다.

한마디로 현실과의 접점을 상실하고 만다. 지금 눈앞에 있는 사람을 보지 않고 그 사람을 통해 과거의 사람을 보기 때문이다. 왜곡된 인간상은 성숙한 사람과의 만남을 방해한다. 또 왜곡된 자아상도 생기는데, 이는 자신이 상대방에게 헌신하지 않으면 상대방도 당신 자신을 인정해주지 않을 거라는 자아상이다. 이런 자아상이 형성되면 그걸 반영해 다른 사람과의 관계에서도 아집이 생긴다.

20대 시절, 나는 신경증과 여러 가지 좌절로 번민하고 고생했다. 여기에 더해 병적일 정도로 다른 사람에게 헌신하지 않으면 상대방이 나를 상대해주지 않으리라 생각했다. 내 인간상은 어린 시절 주위의 아집 센 사람들을 본보기 삼아 형성되었다. 그 신경증에서 회복하는 과정에 나는 다른 사람을 만나면 언제나 나 자신에게 이렇게 되뇌곤 했다.

'지금 내 앞에 있는 사람은 어린 시절 내 주위에 있던, 아집으로 똘똘 뭉친 사람처럼 내가 무조건 헌신하지 않으면 나를 모질게 대하고 거부하는 사람이 아니다. 내가 헌신하지 않으면 나를 상대도 해주지 않던 사람이 아니다. 나는 이 사람의 기대에 부응하려고 긴장할 필요가 없다. 이 사람과 다른 의견을 말해도 거절당하지 않는다. 이 사람과 다르게 느껴도 관계가 끝나지 않는다. '내가 나'로 존재해도 이 사람의 호의를 잃어버리지 않는다.'

이런 말을 되뇌며 그들과의 관계 속에서 유대감을 느꼈을 때 나는 비로소 마음을 놓을 수 있었고 지속적인 불안과 긴장에서도 벗어날 수 있었다.

## 자신이 다른 사람과 동등한 대우를 받을 수 없을 거라는 자기비하적 자아상은 왜 생길까?

세상에 호의가 없는 게 아니라 내면의 불안과 갈등이 호의를 거절할 따름이다. 미움을 받을까 봐 두려워하는 것은 다른 사람과 유대감을 느끼지 못하기 때문이다. 마음속으로 고독한 사람일수록 미움받는 상황을 두려워한다. 있는 그대로의 자기 모습으로는 누구에게도 받아들여지지 않는다는 고독감이 심할수록 현실과 접촉 장애를 일으키는 법이다.

'다른 사람과 달리 나는 가치 없는 사람이다'라는 자기비하적 자아상 탓에 나는 몇십 년 동안이나 고민했다. 다른 사람이 나를 상대하게 하려면 내게 특별한 재능이 필요하고 내가 특별히 상대방에게 헌신해야 한다고 여겼다. 내 마음속에는 언제나 다른 사람과 동등한 대우를 받을 수 없을 거라는 외로움과 고독감이 자리하고 있었다. 신경증에서 회복되어 사람들이 '남들도 나와 똑같이 느껴주기를 바란다'라는 사실을 알고 나서 깜짝 놀랐다.

그때까지 나는 내가 A와 똑같은 일을 해야 하는 경우라도 사람들이 A에게는 호의를 베풀지언정 내게는 호의는커녕 악의를 품으리라 여겼기 때문이다. 나는 남들과 같을 수 없었다. 다른 사람보다 더 성실하고 더 열심히 공부하지 않으면 절대로 남들만큼 호의를 얻을 수 없을 것으로 믿은 탓이다.

일반적인 기준으로는 만족하지 못하는 사람도 마찬가지 아닐까? 가령 우울증 환자를 둔 가정은 자녀에게 높은 기준에 부합하기를 요구한다. 일반적인 기준보다 높은 기준에 맞춰야 비로소 가족 구성원으로 인정해준다. 만약 가정에서 소속감을 느끼지 못한다면 이후 다른 공동체에서도 소속감을 느끼기 어렵다.

다른 사람과 같은 실수를 저질렀을 때 사람들이 나를 다른 사람을 볼 때와 비슷한 눈으로 바라본다는 사실을 깨달은 순간 나는 소스라치게 놀랐다. 그때까지 나는 내가 A와 같은 실수를 해도 사람들은 A를 볼 때와 같은 눈으로 나를 바라보지 않으리라 생각했다. 나는 틀림없이 A보다 훨씬 심하게 질책당할 거라고 느꼈다.

어린 시절 특별한 뭔가를 기대받으며 자란 아이들이 흔히 이런 경향을 보인다. 우울증 환자들도 어려서부터 부모의 기대가 주는 중압감에 괴로워했다고 고백한다. 가족 구성원 모두에게 거는 기대가 아니다. 가정에서 그 같은 사회적 지위 향상이라는 기대를 짊어지지 않고 자라는 아이도 있다. 우울증이 발병하는 사람은 부모를 비롯한 주위 사람들의 지나친 기대가 주는 중압감에 시달린 경우가 많다.

그런 가정에서는 아이가 같은 실수를 해도 꾸중하는 방식에 차이가 있었을 것이다. 그러면 어른이 되어서도 자신의 약점이 다른 사람의 약점과 같을 수 없다고 느끼는 게 그리 이상한 일은 아니다.

그렇게 성장하면 어른이 된 후 다른 사람의 호의를 느끼지 못하게 되는 경향이 있다. 다른 사람과 똑같이 약한 소리를 해도 자신은 다른 사람과 똑같이 격려 받지 못할 거라고 느낄 수밖에 없다.

## 해결되지 않은 내면의 어리광 욕구가 피해의식으로 발전한다

일반적으로 세상 사람들은 A라는 사람의 어리광을 허용하지 않듯 B라는 사람의 어리광도 허용하지 않는다. 뭔가 감정적으로 특별하게 연결된 경우를 제외하고 보편적 관계에서는 대체로 그렇다.

열등감에 시달리는 사람은 특별히 자기 자신만 심하게 문책당하고 다른 사람과 달리 자신만 차별당하고 냉대받는다고 생각하는 경향이 있다. 그런 의미에서 열등감 소유자는 흔히 피해의식을 품고 있다. 이는 매사에 배배 꼬인 사람과 별로 다르지 않다.

피해의식이 있는 사람과 매사에 심사가 꼬인 사람은 모두 마음속에 강한 어리광 욕구가 남아 있다. 어리광을 부리고 싶어도 부릴 수 없어 심사가 꼬인 사람이 되고 마는 것이다. 그런 사람의 내면에는 어리광을 부리지 않는 것이 공동체에 소속되는 조건이라는 생각도 있다.

공동체란 본래 특별한 조건을 요구하지 않는다. 그런데 가정에서도 어리광을 부리지 않아야 부모에게 사랑받는 아이가 된다는 조건을 내거는 경우가 있다. 어린 시절 다른 사람들과 마찬가지로 충분히 어리광을 부릴 수 있었다면 이후 열등감을 품지도 피해의식에 사로잡히지도 않았을 것이다.

뜻밖에도 많은 사람이 다른 사람은 사랑받아도 자신은 사랑받지 못할 거라고 느낀다. 또 다른 사람은 좀 모자라도 얼마든지 받아들여지지만 자신만은 그렇지 않다고 여긴다. 이런 사람은 세상이 다른 사람에게는 낙원이고 자신에게는 냉혹한 전쟁터라고 여긴다.

그러나 현실은 그렇지 않다. 세상은 어떤 사람에게는 낙원이고 또 어떤 사람에게는 지옥이 아니다. 그저 그렇게 느끼는 사람이 존재하는 것뿐이다.

있는 그대로의 자신은 누구에게도 사랑받지 못한다고 자기 비하를 하는 사람은 다른 사람이 특별히 자신에게만 악의를 품고 있다고 믿는 경향이 있다. 그렇지 않다는 것을 머리로는 이해하면서도 마음으로는 그렇게 느끼는 사람이 많다. 다른 사람에게는 호의를 보여도 자신에게는 호의를 보이지 않는다는 피해망상 의식은 뜻밖에도 많은 사람의 마음속에 도사리고 있다. 이 세상에 심사가 꼬인 사람이 의외로 많은 것은 그래서다.

나도 확실하게 말로 표현하지는 않았으나 사람들이 다른 사람과 달리 내게는 호의적이지 않다고 느꼈다. 그럴수록 나는 다른 사람의 기대를 미리 읽어 그 기대에 부응하려고 노력하느라 항상 불안에 떨며 긴장하곤 했다. 그러나 다른 사람의 호의를 받아들일 줄 아는 사람은 대인관계에서 불안해하며 계속 긴장감에 시달릴 일이 없다.

BAD
That's ok!
GOOD

CHAPTER

# 05

# 때론 '나쁜 사람'이 되기를 두려워하지 마라

Counseling

31

# 자존감이 높아지면 내면의 불안이 사라지고 인간관계도 잘 풀린다

상담자

"열심히 일했고, 그 결과 좋은 실적을 올려서 인정받았는데도 알 수 없는 공허감이 밀려오는 건 왜일까요?"

심리학자

"불안을 행동의 동기로 삼기 때문입니다. 그럴 경우 아무리 열심히 일하고 좋은 실적을 올려도 내면은 공허함에 시달리게 됩니다. 그리고 그 공허감을 외면하고자 현재 상태에 안주하지 못하며 조바심을 내게 됩니다."

## 불안을 행동의 동력으로 삼으면 내면이 공허해질 수밖에 없는 이유

불안을 행동의 동력으로 삼을 경우 열심히 일하고 나름대로 좋은 실적을 올려도 내면은 공허감에 시달린다. 그리고 그 공허감을 외면하고자 현재 상태에 안주하지 못하며 조바심을 낸다. 이대로 가만히 있으면 안 된다는 초조감에 시달리는 사람은 내면의 공허감을 외면하는 사람이다.

심리학자 존 앳킨슨(John William Atkinson)과 쿠르트 레빈(Kurt Lewin)은 '성취 욕구'와 '실패 회피 욕구'의 관련성을 실험했는데, 나는 실패 회피의 경우 욕구라기보다는 불안에 더 가깝다고 생각한다.

자존감이 낮은 사람은 자존감이 높은 사람보다 실패를 더 두려워하는 경향이 있다. 실패할 경우 자신의 가치가 위협받는 탓에 실패하면 어찌 될지, 자존감에 상처를 입게 되지는 않을지 두려워하는 것이다. 이에 따라 실패를 간절히 피하고 싶어 한다. 다시 말해 실패 회피 욕구는 불안의 결과로 생긴다. 욕구라는 것은 2차원적 감정일 따름이다.

아무튼 실패 회피 욕구를 동기 삼아 행동하면 그 사람의 내면은 공허해진다. 결국 인간의 내면에서 불안과 허무감은 밀접한 관계에 있다. 반면 성취 욕구를 동기로 행동하는 사람은 내면이 충실하다. 달리 표현하자면, 성취 욕구 동기는 자아 확립을 촉진한다. 반대로 실패 회피 욕구를 동기 삼아 행동하는 사람은 제대로 된 자아를 형성하기 어려우며 자아 기반이 연약하다.

이 두 가지 욕구는 어떻게 서로 관련되어 있을까? 다시 앳킨슨과 레빈의 실험으로 돌아가보자. 그 실험의 참가자들은 '높은 성취 욕구 — 낮은 실패 회피 욕구' 그룹과 '낮은 성취 욕구 — 높은 실패 회피 욕구' 그룹으로 나뉘어 고리 던지기 게임을 했다. 한 사람이 고리 열 개를 던질 때마다 표적에서 얼마나 벗어날지는 30~460센티미터 범위 내에서 자유롭게 선택했다.

실험 결과 높은 성취 욕구 그룹은 대략 중간 정도로 어려운 위치에서 던지는 사람이 많았다. 그에 반해 높은 실패 회피 욕구 그룹은 높은 성취 욕구 그룹보다 가까운 곳과 먼 곳을 더 많이 선택했다.

먼 곳을 선택하는 이유는 실패해도 창피를 당하지 않을 거라는 계산이 깔려 있기 때문이다. 실패가 자신의 가치를 손상하지는 않을 테니 말이다. 가까운 곳을 선택하는 이유는 현실적으로 실패를 회피하기 위해서다.

이처럼 자신에게 쉬운 일, 혹은 실패해도 창피 당하지 않을 일만 하면 그 사람의 내면은 평생 나약한 상태에 머무르기 쉽고 무너지기 쉽다. 사소한 균열만으로도 생활 자체가 와르르 무너져 내릴 수 있다. 반면 성공할지 실패할지 결과는 알 수 없지만 한번 해본다는 마음으로 도전하는 사람은 자아가 확립되어 어지간한 일로는 내면이 흔들리지 않고 생활 기반이 무너질 일도 없다.

## 전적으로 자기편인 자신을 의지하지 못하고 버림받을지 모른다는 불안감을 느끼며 사는 사람들

방어적인 태도로 일관하면 평생 자아를 확립할 수 없다. 자존감에 상처를 입지 않기 위해 남과 다른 행동을 하는 것 역시 방어적 태도의 일종이다. 이것은 일부러 먼 곳에서 고리를 던지는 사람의 심리와 서로 통하는 부분이 있다. 모두 같은 가치관 아래 같은 행동을 하면 실패했을 때 자신이 바라는 높은 자존감을 유지할 수 없다.

다른 사람과 달리 일부러 별난 행동을 하는 사람은 도대체 왜 그런 행동을 하는 걸까? 위의 관점에서 생각해보면 그의 내면에 실패를 회피하고 싶은 욕구가 상대적으로 강하기 때문으로 볼 수 있다.

우울증 전 단계와 우울증 환자의 말과 행동은 불안으로 방어적 태도를 보인다. 독일 정신분석학자 프리다 프롬라이히만(Frieda Fromm-Reichmann)은 우울증 환자가 느끼는 감정으로 '증오'와 '공허감'을 우선으로 꼽는다. 이 증오와 공허감이라는 감정은 서로 모순되지 않는다.

앞에서 말한 대로, 사람이 불안을 동기로 행동하면 내적으로 공허해질 수밖에 없다. 이런 유형의 사람이 주로 느끼는 불안은 '버림받을지 모른다'는 것이다. 자기 자신을 신뢰하지도 의지하지도 못하는 사람은 자신이 다른 사람은 물론이고 자신에게마저 버림받을 수 있다는 불안을 느낀다. 세상에서 전적으로 자기편인 자신을 의지하지 못하는 사람은 수많은 감정을 억압하고 살 수밖에 없다.

늘 자기비하만 하며 사는 사람을 예로 들어 생각해보자. 집요하게 자신을 나쁘게 말하는 사람이나 '나 따위', '나 같은 놈'이라는 말이 입에 배어 자기비하가 일상이 된 사람도 있다. 그런 사람은 자신을 비하하며 기가 죽어 사는 것처럼 보이다가도 여차하면 깜짝 놀랄 정도로 뻔뻔하고 거만한 얼굴을 드러낸다.

## 의존성이 강한 인간은 어떻게 만들어질까?

자신을 집요하게 비난하는 사람을 관찰해보자. 언뜻 보기에 그는 자신을 비난하는 것처럼 보이지만 실은 다른 누군가를 탓한다. 대개는 관계의 출발점인 부모와 지내는 동안 뭔가 문제가 있었을 확률이 높다. 부모가 언짢은 기색을 보이기라도 하면 버림받을지 모른다고 생각하며 불안에 떨었을 수 있다. 이 경우 보통 의존성이 강한 어른으로 성장하기 쉽다.

이런 유형의 사람이 누군가를 만나 연애를 시작하면 어떻게 될까? 의존심이 강해 당연히 연애는 잘 풀리지 않고, 이번에도 정해진 코스처럼 그는 버림받는다. 그는 자신을 버린 연인을 포기하지도 잊지도 못한다. 자신을 버렸기에 미워하면서도 이상하게 끌리는 양면성을 보인다. 더구나 그 끌리는 마음 탓에 정을 매정하게 떼어내지도 못한다. 정을 떼지 못한 까닭에 잊지도 못하고 적의와 호의 사이에서 갈등하고 괴로워한다.

세월이 지나고 격정이 사라지면 그는 내면에서 적의를 억압한다. 왜 그럴까? 그 사람을 영원히 잃게 될까 두렵기 때문이다. 물론 현실에서는 그 사람을 잃었으나 그 현실을 냉철하게 받아들이지 못한다. 그러다 보니 격정의 날이 지나면 마음 한구석에서 혹시 그 사람이 자신에게 돌아올지 모른다는 생각이 싹트기 시작한다. 아직 자신에게 호의가 있을 거라고 착각하며 살아가는 것이다.

이런 사람은 상대방이 자신을 잊었다는 현실이 감정적으로 이해가 되지 않는다. 그러므로 그는 그 사람을 잃게 되지 않을까 하는 두려움에 자기 내면의 적의를 억누르는 것이다. 이 유형의 사람은 평생 이와 비슷한 인간관계를 반복하며 살아갈 확률이 높다.

Counseling

32

# 당신의 존재 자체를 귀히 여기고 가치 있게 여겨라

상담자

"우울증은 왜 생길까요?"

심리학자

"'공허감'과 '증오'의 감정이 원인입니다. 즉, 불안의 결과 공허와 증오의 감정이 싹트고 이런 감정이 반복되면서 우울증이 생기고 깊어지는 겁니다."

## 애착 대상을 상실한 뒤 그 대상에게 집착하는 사람은 왜 공격의 화살을 자신에게 돌릴까?

자기 자신을 집요하게 경멸하는 사람을 주의하라고 권해주고 싶다. 이런 유형은 누군가 다른 사람을 경멸하며 마음속에 잠재해 있는 경멸을 의식의 수면 위로 끌어올리지 못한다.

애착 대상을 상실한 뒤 그 대상에게 집착하는 사람은 그 공격의 화살을 자신에게 돌린다. 그리고 애착 대상과 별개로 자신에게 의지해 주도적으로 살아가지 못해 우울해진다.

프리다 프롬라이히만은 우울증 환자를 부추기는 동기로 두 가지를 꼽았다. 첫째는 공허감, 둘째는 증오다. 지금 설명하는 논리 과정을 따라 생각하면 훨씬 이해하기가 쉽다. 즉, 불안의 결과로 공허와 증오의 감정이 생겨난다.

입버릇처럼 '나 같은 사람'이라는 말을 하는 사람은 과거의 애착 대상을 하나하나 꼽아본다. 자신이 상대방에게 적의를 품고 있지 않다고 여기면서 5년 전 자신을 버린 연인, 10년 전 자신을 차갑게 대한 이성친구 등을 스스로 어떻게 느끼는지 생각해보는 것이다.

그렇게 함으로써 자기 내면에 그들을 향한 적의가 도사리고 있음을 깨닫는다. 그 적의를 억누를 수밖에 없었던 것은 모두 지나간 일이라고 자신에게 되뇌며 받아들이지 못한 탓이다. 그들은 이미 자신의 인생과 무관한 사람이라고 마음을 정리하지 못했다는 얘기다.

이런 유형의 사람이 적의를 억누른 이유는 아직 상대방과 자신 사이에 뭔가 관계가 남아 있다고 생각해서다. 한마디로 말해 아직 미숙함에서 벗어나지 못하고 있는 셈이다.

재미있게도 대중가요에는 이러한 미련을 노래하는 곡이 많다. 그 상황을 내내 후회하면 미련에 발목이 잡혀 새로운 출발을 하지 못한다.

자책하는 말을 집요하게 내뱉는 사람은 과거에 자신을 충분히 사랑해주지 않은 사람을 떠올리곤 한다. 사랑받고 싶었지만 충분히 사랑해주지 않고 자신을 버린 사람을 마음속으로 어떻게 느끼는지 간파해야 한다.

이런 유형의 사람은 자신을 사랑해주지 않은 사람에게 향해야 할 공격 에너지를 자기 자신에게 돌리는 경향이 있다. 그가 자책하느라 심리적으로 상대방에게서 벗어나지 못하는 것은 그래서다. 심지어 이것은 다음 사람과의 진정한 만남에 걸림돌로 작용한다. 상대방에게 느끼는 미움의 감정을 자기 자신에게로 돌려서는 안 된다.

## 우울증 환자가 다른 사람에게 맹목적으로 헌신하는 진짜 이유

> 좋은 만남을 유지하는 사람에게는 어린 시절 바람직한 애착 대상이 있었을 것이며, 좋은 어머니 손에서 자랐을 것이다. 반대로 나쁜 아머니 밑에서 자란 사람은 사랑받고 싶은 욕구를 충족하는 데만 집착하는 나머지 이기적인 만남을 추구하기 십상이다. 어린 시절, 특히 유아기에 애착 대상에게 욕구 불만이 생기고 그것을 벌충하고자 하는 무의식이 작용하기 때문이다.

정신과 전문의 고바야시 쓰카사(小林司)가 책 『만남에 관하여 — 정신과 의사의 노트(出会いについて－精神科医のノートから)』에 적은 내용이다.

관계의 시작에서 실패한 일은 인생에 상당히 큰 영향을 끼친다. 어머니와 자녀의 상호작용이 원활히 이루어질 경우, 다시 말해 어머니가 자녀의 존재를 의미 있게 여기고 자녀도 자신의 존재를 의미 있게 느낄 경우 이후의 만남도 술술 풀린다. 인생의 여정에서 다양한 사람을 만나고 소중한 경험을 반복하면서 그것을 내면으로 받아들여 소화해가는 것이다. 이 과정에서 자신의 자아를 탄탄히 확립해간다.

그런데 어머니에게 자녀가 성가신 존재로 받아들여질 경우 어머니는 아이의 이야기에 무관심하고 갑자기 화를 내기도 한다. 이 경우 아이는 어머니를 자기 내면에 제대로 내재화할 수 없다. 부모의 태도에 일관성이 없을 때 아이는 자기 내면에서 동일성을 확립하지 못한다.

부모 — 자식 관계가 원활하지 않을 경우 기본적 자아 신뢰감을 형성하지 못한다. 그러면 확신하지 못해 자기평가가 낮아지고 다른 사람에게서 자신의 의미를 확신할 수도 없다. 나아가 자기 자신은 다른 사람에게 이용가치가 있을 때만 의미가 있다고 여긴다. 아마도 이런 감정이 우울증 환자가 다른 사람에게 헌신하는 이유가 아닐까.

마치 '은혜를 베푼다'라는 식으로 자녀를 양육하는 부모가 있다. 그런 부모 밑에서 자란 사람은 자신이 다른 사람에게 의미 없는 존재라 여기는 게 당연하고 자기평가도 낮아질 수밖에 없다. 이 경우 다음 대상과의 관계 성립도 어려워진다. 만약 다른 사람에게 뭔가를 주지 못하면 자신은 다른 사람에게 아무런 의미도 없는 존재라고 느낀다면 먼저 다음의 문장을 기억하라.

"나는 유아기 때부터 부모 — 자식 관계를 중심으로 다른 사람과의 관계를 원만하게 형성하지 못했다."

당연한 이야기지만 당신이 부모와 친밀한 접촉을 유지하지 못했다면 가장 큰 책임은 감정이 안정되지 않은 부모에게 있다. 당신의 존재 자체가 무의미한 것은 절대 아니다. 다른 사람의 이기심에 모든 것을 바치지 않으면 당신 자신은 존재 의미가 없다고 생각해서는 안 된다. 오히려 그렇게 자기평가가 낮은 행동을 한 탓에 점점 더 자신을 향한 자신감을 상실한 것뿐이라고 이해해야 한다.

최초의 관계에 실수가 있었다 해도 그 때문에 좌절할 필요는 없다. 그 실수가 어느 정도 영향을 미칠 수도 있지만 치명적인 실수는 아니다. 의지와 노력만 받쳐준다면 얼마든지 바로잡을 수 있는 문제다. 다만 최초의 실수에 따라 계속 잘못된 반응을 되풀이하는 바람에 그런 유형의 사람이 되어버렸을 따름이다. 그 유형은 다음의 과정을 거쳐 형성된다.

먼저, 맨 처음 만난 사람이 당신을 충분히 사랑해주지 않아 자신감을 상실한다. 이후 당신은 이어지는 만남에도 실패한다. 또 그러한 실패를 반복하면서 이어지는 다른 만남에도 심각한 지장을 받는다. 이쯤 되면 당신은 자신을 버리는 사람에게 미련을 버리지 못하고 집착하기 시작한다. 상대방이 당신을 사랑해주지 않고 버렸기에 그를 향한 마음을 모질게 끊어내지 못한다.

불가사의하게도 인간은 자신을 사랑하지 않는 사람에게 얽매여 평생 지배당하며 살아가는 존재다. 상대방과 충분한 동일화를 이루었다면 분리가 가능하겠지만 그러지 못함으로 인해 관계를 분리하지 못한 탓이다.

한 번뿐인 인생을 살아가면서 당신을 사랑하지 않는 사람을 위해 당신 자신을 희생할 필요는 없다. 인생은 풍요롭고 감동적이다. 자기 인생을 뒤틀고 망치고 거부하는 이는 다른 누구도 아닌 당신 자신이다.

세상에 아름다운 소리, 아름다운 풍경이 없는 게 아니다. 단지 그 아름다움을 있는 그대로 즐기고 음미할 마음의 여유가 없을 따름이다. 그걸 누릴 가능성은 누구에게나 있고 그 가능성을 실현하는 일은 당신 자신에게 달려 있다.

Counseling

33

# 인간관계의 지옥에서 벗어나고 싶다면 단호해져야 한다

상담자

"제 부모는 자신인 저를 '지옥'에 떨어뜨리고도 눈 하나 깜짝하지 않는 매정한 사람들입니다. 그런데도 저는 그들에게 또다시 미움받지 않을까, 버림받지 않을까 두려워하고 있습니다. 어떻게 하면 이 딜레마에서 벗어날 수 있을까요?"

심리학자

"두려움을 버리고 이제는 당신이 그들을 과감히 '버리고 떠날' 차례입니다. 당신을 비뚤어지게 한 사람, 당신을 이용한 사람, 당신을 거절하고 버린 사람을 이제 당신이 버릴 차례입니다.
'나쁜 사람'이 되는 걸 두려워하지 마세요!"

## 자식을 '지옥'에 떨어뜨리고 오히려 마음이 편안한 이상한 부모들

세상에는 자신이 낳은 자식을 줄줄이 '지옥'에 떨어뜨림으로써 마음의 균형을 유지하는 이상한 부모도 있다. 그러니 배배 꼬인 채 살 수밖에 없었다는 자식 측의 항변과 절규가 이해가 간다. 문제는 '지옥'에서 살아야 하는 사람이 부모도 형제도 아닌 바로 자기 자신이라는 점이다.

지옥에 떨어진 아이는 지옥에서 기어 올라오는 것보다 지옥에 머무는 쪽이 에너지를 덜 쓰기에 지옥을 제 집 삼아 살아간다. 하루하루 지옥에서 버티는 일이 점차 쉬워지지만 지옥은 끝이 아니다. 지옥에 머물면 자신을 지옥에 떨어뜨린 사람에게 복수조차 할 수 없다.

정확한 출처는 기억나지 않지만 "부모는 자신의 짐이 무거울수록 그 짐을 자식에게 떠넘긴다"라는 문장을 책에서 읽은 적이 있다. 부모가 짊어져야 할 무거운 짐을 자식에게 떠넘기면 자식은 그걸 이기지 못하고 쓰러진다. 그때 부모는 이렇게 말한다.

"내 자식이지만, 참 한심하다!"

복수할 생각으로 '지옥'에 머물러봤자 당신을 '지옥'에 떨어뜨린 사람은 불쌍하다고 동정해주지 않는다. "어차피 안 될 놈은 어떻게 해도 안 돼!"라며 가혹한 평가를 내릴 뿐이다. 가엾게 여길 정도의 심성을 가진 사람이라면 누군가를 '지옥'으로 밀어 떨어뜨리지도 않았을 것이다. 그저 "참 한심한 놈이군!" 하고 비웃으며 자신이 무거운 짐을 자식에게 떠넘겼다는 사실조차 깨닫지 못한다. 그러다 보니 아이가 쓰러져도 '약한 아이', '못난 자식', '변변치 못한 자식', '덜 떨어진 자식'이라고만 생각한다.

정신의학 관련 책에는 다양한 사례가 등장한다. 가령 어떤 사람이 자식을 안고 물에 뛰어들어 목숨을 끊으려 하는 경우를 생각해보자. 자기 발로 뛰어든 부모는 헤엄칠 수 있지만 아이는 물 위에 떠 있을 재주가 없다. 이때 부모는 물 위에 떠 있지 못하는 아이를 불쌍히 여기지 않는다. 오히려 "수영을 할 줄 알면 살 텐데. 살아보겠다고 허우적거리지도 못하는 못난 놈"이라며 코웃음을 친다. 조현병 환자의 어머니가 자기 자식이 조현병에 걸릴 필요가 있었다고 말하는 것도 비슷한 맥락에서 나온 이야기다.

자기 마음속 가능성을 실현하지 못하는 사람들의 변명을

이해하지 못하는 바는 아니지만 정작 괴로운 건 당신 자신이다. 아름다움을 느끼지 못하는 것도 다른 누구도 아닌 당신 자신이다. 당신을 '지옥'에 떨어뜨리고 '한심한 녀석'이라고 손가락질하는 사람들과 과감히 이별하라.

희한하게도 인간은 자신을 사랑하지 않는 사람과 마음만 먹으면 언제든 헤어질 수 있는데도 쉽사리 헤어지지 못한다. 왜 그럴까? 기억 속에서 잠시 우리의 어린 시절로 돌아가보자. 엄마가 밖에 볼일이 있어 온종일 집을 비운 다음 날이면 아이는 엄마의 치마꼬리를 붙잡고 늘어지며 좀처럼 떨어지려 하지 않는다. 그러나 엄마가 아이의 기분을 이해해주고 달래주면 다음 날 아이는 엄마의 치마폭에서 벗어나 혼자서도 잘 논다. 아이에게는 엄마의 품에서 벗어나 혼자 노는 경험이 중요하다. 어른이 되어서도 관계에 집착하고 얽매이는 사람 중 열에 여덟아홉은 어린 시절 '혼자 노는' 훈련이 돼 있지 않은 경우일 확률이 높다.

그다음으로 중요한 것은 '달라붙을' 수 있는 경험이다. 어린 시절 이 경험을 반드시 해볼 필요가 있다. 이 경험이 충분히 있어주어야 어른이 되어서 연인관계든 부부관계든, 아니면 그 밖의 평범한 교우관계든 '달라붙지' 않고 서로 피곤해지지 않는 관계를 맺을 수 있기 때문이다.

최악은 '혼자 있는' 경험도 '달라붙는' 경험도 해보지 못한 채 어른이 되어버린 경우다. 이런 사람은 어린 시절 엄마가 화를 내면 눈치 보느라 가까이 다가오지도 못한다. 그래도 눈치껏 달라붙으면 엄마는 다 큰 녀석이 왜 징그럽게 자꾸 달라붙느냐며 정색하고 화를 낸다. 그 거절이 두려워 아이는 착한 아이, '손이 가지 않는' 순한 아이가 된다. 이런 최악의 환경에서 자란 아이는 어른이 되어 이런저런 문제를 일으킨다.

## 이제 당신이 과감히 '버릴' 차례다

당신이 이기심으로 똘똘 뭉친 부모나 다른 사람에게 어쩔 도리 없이 희생당했다고 해보자. 이럴 때는 그들에게 이용당하면서도 혹시나 미움을 받게 되지 않을까 하는 마음에 두려워지기 쉽다. 그 탓에 당신은 그들에게 거절당하면서도 비루하게 호감을 구하는 식의 안 좋은 선택을 하게 될 가능성이 크다. 그들 탓에 비뚤어지고 이용당하고 버림받고 온갖 구박과 핍박을 당한 희생자이면서도 말이다.

문제는 정작 혼자가 되면 가해자에게 미움받게 될까 두려워한다는 점이다. 한마디로 이기주의자에게 이용당해 소중한 인생을 낭비하고 버림받기까지 했으면서도 또다시 미움받게 될까 두려워하는 가련한 인생이다.

이제는 당신 쪽에서 버릴 차례가 아닐까? 당신을 비뚤어지게 만든 사람, 당신을 이용한 사람, 당신을 거절한 사람, 당신을 버린 사람을 이제는 당신이 버려야 한다.

그런 사람들에게 '매정한 인간'이라는 평을 듣는 걸 왜 두려워하는가? 여태껏 자신이 하는 말에 고분고분하던 당신이 자아를 확립하면 상대방은 매정한 인간이라고 비난한다. 그들에게 매정한 사람이라는 말을 듣는다는 것은 이제야 비로소 당신이 정상적인 사람이 되었다는 걸 의미할 수도 있다.

정신의학자 로널드 데이비드 랭(Ronald David Laing)과 에런 에스터슨(Aaron Esterson)이 함께 저술한 책 『온전한 정신, 광기 그리고 가족(Sanity, Madness and the Family)』에 보면 애보트 집안 이야기가 나온다. 애보트 집안의 마야는 조현병 환자인데, 저자들은 자녀가 조현병에 걸리게 한 부모를 다음과 같이 표현한다.

"부모는 마야의 자아상실보다 자아발달을 더 스트레스로 느꼈다."

이와 비슷한 사례가 여러 책에 자주 등장한다. 예를 들면 정신병원에 입원한 환자가 치료에 성공해 상태가 호전되자 부모가 찾아온다. 그런데 그 부모는 증상이 더 심해졌다고 우기며 입원을 강요한다.

## 때론 '나쁜 사람'이 되기를 두려워하지 마라

당신은 자아가 불확실하고 병들기까지 했다. 또 당신 자신을 믿지 못해 괴로움에 몸부림친다. 게다가 그것도 모자라 끊임없이 번뇌에 시달리고 자아상실감에 빠져 있다. 당신을 그런 상태에 빠뜨리고 여전히 그 상태에 머물러 있기를 바라는 사람에게 미움받는 것이 무슨 대단한 일이라고 두려워하는가? 당신이 불안하고 긴장한 상태로 있어야 좋다고 생각하는 사람에게 미움받는 걸 무서워할 필요는 없다. 당신이 마냥 불행하기를 바라는 사람에게 사랑을 갈구할 필요도 없다.

당신은 나쁜 아이가 되는 걸 두려워했다. 도대체 당신 가정에서 나쁜 아이는 어떤 아이였을까? 바로 부모가 정해놓은 틀에서 벗어난 아이였다. 더구나 부모는 정서가 미성숙해 자아발달을 스트레스로 느꼈다. 자기중심적인 부모에게 다루기 편한 존재는 바로 '착한 아이'다.

기만으로 가득 찬 당신의 부모는 자기 아이는 이러이러해야 한다는 그림을 그려놓고 있었다. 거기에 맞는 아이는 착한 아이, 맞지 않는 아이는 나쁜 아이였다.

당신의 부모는 형편없고 마음이 차가운 부모였다. 그런데 그들은 자신이 마음이 따뜻하다고 주장했다. 무엇보다 당신이 부모를 마음이 따뜻한 사람으로 받아들이라고 명령했다. 당신은 지금도 그런 부모에게 버림받을까 봐 두려움에 떤다. 그런 부모가 어깨를 으쓱하며 자랑할 만한 자식으로 여겨주기를 바란다.

그것을 확대해 당신은 주위 사람들에게 미움받는 것을 두려워한다. 당신이 호감을 얻고 싶은 사람 중 도대체 몇 명이 제대로 된 사람일까? 지금 당신에게 중요한 사람이 앞으로도 중요하다면 당신은 '지옥'에서 탈출할 수 없다. 지금 당신에게 중요한 사람은 하나같이 당신이 '지옥'에 머물기를 바라기 때문이다.

Counseling

34

# 기만적이고 위선적인 인간관계가 당신 인생을 옭아매지 않게 하라

상담자

"저에게 '엄마답기를', '친구답기를', '자식답기를', '부하직원답기를' 강요하는 사람들이 있습니다. 제게 끊임없이 의무를 강요하는 그들의 속셈이 뭘까요?"

심리학자

"그들의 의도는 당신을 자기가 원하는 방식으로 통제하고 지배하려는 데 있습니다. 그런 이들은 당신의 인생에 도움되기는커녕 방해만 되고 당신을 고통스럽게 합니다. 그런 이들을 위해 소중한 당신의 인생을 희생하라는 요구를 단호히 거절하세요."

## 당신에게 의무를 강요하는 사람의 목적은 당신을 통제하고 지배하려는 것이다

당신 주위에는 어머니답기를, 아버지답기를, 친구답기를, 연인답기를 강요하는 사람이 있다. 이처럼 의무를 강요하는 사람의 속셈은 무엇일까? 그것은 바로 당신을 자기가 원하는 방식으로 통제하고 지배하려는 것이다. 그러면서도 다른 사람을 자기 입맛에 맞게 움직이고 싶을 때는 의무를 강조한다. 이런 사람은 속으로 상대방을 얕잡아본다.

자기 자신에게 이렇게 질문을 던져보자. '나는 왜 이기적인 목적으로 나를 이용하는 사람들에게 그렇게까지 인정받으려고 애써왔는가?', '나는 왜 내 마음을 자주 혼란스럽게 하고 병들게 만드는 사람들에게 멋지게 되갚아주려 노력하지 않았는가?' 당신의 인생에 도움이 되기는커녕 방해만 되는 사람들을 위해 당신의 인생을 희생할 필요는 없다.

당신에게 의무를 강요한 사람들은 단 한 번도 당신의 말을 들어주지 않았다. 당신의 주장은 그들에게 항상 무시당하지 않았는가? 그들의 일방적 주장과 명령을 듣는 것이 당신의 의무처럼 돼 있지 않았던가? 냉철히 생각해보자. 사실 그것은 당신의 의무가 전혀 아니다. 당신은 그저 비겁한 사람의 이기적인 요구와 명령에 감정적으로 종속당한 것뿐이다.

## 『온전한 정신, 광기 그리고 가족』에 나오는 애보트 집안의 사례

심리적 의존에서 벗어나려면 어떻게 해야 할까? 먼저, 그들이 어떤 사람인지부터 정확히 알아야 한다. 또한 그들이 당신을 두고 뒤에서 뭐라고 수군거리는지, 당신을 어떻게 생각하는지 정확히 알아야 한다.

앞에서 소개한 『온전한 정신, 광기 그리고 가족』에 나오는 애보트 집안의 사례를 살펴보자. 이 집에는 루비라는 열일곱 살 난 딸이 있는데, 어느 날 그녀가 혼수상태가 되어 병원에 입원했다. 루비는 사생아로, 온 동네 사람이 그 사실을 알고 있었다.

입원하기 여섯 달 전 루비는 임신한 뒤 넉 달 만에 유산하는 아픔을 겪었다. 이 가족은 세상 사람들이 자기 집안을 두고 이러쿵저러쿵 입방아를 찧고 있다는 걸 잘 알고 있었다.

루비는 사람들이 자기 이야기를 한다고 생각했고, 가족들도 그 사실을 알고 있었다. 가족들은 루비에게 이렇게 핀잔을 놓았다.

"누가 네 이야기를 한다고 그래. 바보 같은 소리 좀 하지 마. 아무도 너한테 관심 없어. 그러니 쓸데없는 소리 하지 마."

망상에 사로잡혀 한바탕 난리를 친 루비는 어머니, 이모, 삼촌이 자신을 싫어한다고, 아니 단지 싫어하는 걸 넘어 경멸한다고 생각했다. 그 생각을 말했을 때 그녀의 가족은 어떤 반응을 보였을까? 책의 내용을 좀 더 살펴보자.

> 가족은 루비가 자신이 가족에게 사랑받지 못한다고 생각한다고 말하자 낙담하며 혐오감을 드러냈다. 루비가 그렇게 생각하는 것 자체가 죄라며 온갖 근거를 갖다 붙였다.

어떤 이유를 둘러댔는지 책에서 자세히 소개하지는 않았지만 아마도 낙담한 표정으로 깊은 한숨을 내쉬며 "그렇게 생각했니?"라고 말하지 않았을까? 이어서 불쾌한 표정으로 가족이 이런저런 것을 해주었는데 은혜도 모르는 배은망덕한 아이라며 가족에게 학대받았다고 생각한다는 사실에 화를 내며 죄의식을 불어넣었을 것이다.

루비네 가족은 다른 사람들 앞에서 실제로 어떻게 행동했을까? 책에는 다음과 같은 내용이 나온다.

> 루비네 가족은 다른 사람들 앞에서 '루비는 엉덩이를 함부로 놀리는 매춘부나 다름없는 싸구려 계집'이라고 거세게 비난을 퍼부었다. 루비네 가족은 자신들의 진짜 감정을 루비가 아는 건 옳지 않다고 생각하며 루비를 광기의 한복판에 방치해두었다.

이런 사람들에게 잘 보이려는 기본 전략을 구사할 필요가 있을까? 이제 기본 전략을 수정해야 한다. 이들을 향한 미련을 단호하게 끊어내는 방향으로 기본 전략을 수정하지 않으면 당신 앞에 평생 감동적인 인생은 펼쳐지지 않는다.

지금 당신이 중요하게 여기는 사람들의 실체를 알고 그들을 향한 미련을 끊는 일부터 시작하라. 이제부터 그들에게 잘 보이려는 생각도 버려야 한다.

당신은 그들에게 인정받을 수 없다. 그들 스스로 변하지 않는 한 그것은 무리한 일이다. 그들은 한편으로 당신에게 일방적인 주장을 강요하면서 다른 한편으로 당신을 마음속으로 경멸한다. 그들은 당신이 이용가치가 없으면 무시하고 당신이 멀쩡해지면 비난하고 험담한다.

그들에게 인정받는 것은 불가능하다. 이 사실을 먼저 머릿속에 넣어둔 다음 삶의 방식을 결정해야 한다. 자아 기반이 약한 사람은 자신이 경멸하는 사람을 놓아버리려 하지 않는다. 이 사실을 분명히 기억해야 한다.

## 그들은 왜 당신을 사랑하지도 않으면서 사랑받고 있음을 느끼라고 강요할까?

자아 기반이 약한 사람은 어떤 사람을 일방적으로 경멸하는 동시에 그 사람을 필요로 한다. 당신이 자아 기반이 약한 사람과 관계를 맺으면 어떻게 될까? 당신은 괴롭힘과 조롱을 당하면서도 그 사람과의 관계를 끊지 못한다.

다시 애보트 집안 이야기로 돌아가보자.

> 루비네 가족은 루비가 그 집에 있는 꼴을 보고 싶어 하지 않았다. 가족은 루비가 집에 있고 싶다는 생각을 하게 만들면서 가족이 루비가 집에 있는 걸 싫어한다고 생각한다면 그건 루비의 잘못이라거나 루비의 정신이 이상해진 탓이라는 생각을 주입했다. 실제로는 루비를 집에 두고 싶어 하지 않으면서 말이다.

루비네 가족은 루비를 싫어하고 경멸했다. 그래서 루비가 알아서 가출이라도 해주기를 은근히 바랐다. 동시에 가족은 루비가 자신들의 생각을 알아차리지 못하도록 하기 위해 필사적으로 노력했다. 루비의 생각은 틀렸으며, 제정신이 아니라서 가족이 자신을 미워한다고 여기는 것이라고 주장했다. 왜 이런 일이 벌어지는 걸까? 가족은 루비를 무시하면서도 루비가 자신들을 존경하기를 바랐다. 또 가족은 루비를 푸대접하면서도 루비가 가족을 사랑이 넘치는 사람들로 여기기를 원했다.

가족은 한편으로 루비가 집을 나가주기를 바라면서도 다른 한편으로 루비가 정말로 집에서 나가겠다고 할까 봐 두려워했다. 그렇게 학대하면서도 사랑받고 있음을 느끼라고 요구하는 가족의 기만 속에서 루비는 결국 정신 줄을 놓아버렸다.

당신 주위에도 이와 비슷한 사람이 있는가? 당신을 좋아하지 않으면서 당신이 그 사실을 눈치 채지 못하도록 온갖 술수를 쓰고 눈을 가리려 애쓰는 사람 말이다. 당신이 떠나기를 바라면서 그 마음을 알아차리지 못하도록 금기시하는 사람이 당신 주위에 있지 않은가? 그 사람은 당신은 사랑하지 않으면서 사랑받고 있음을 느끼라고 요구한다.

첫 번째 문제는 당연히 그들의 기만이다. 두 번째 문제는 그 기만을 간파하고 진실을 깨닫는 자율적인 정신이 없다는 것이다.

## 기만적이고 위선으로 가득한 인간관계의 사슬을 끊어내지 않으면 인생의 먹구름은 걷히지 않는다

한편으로 당신은 그들이 당신을 싫어한다고 느낀다. 그러나 그들은 당신에게 사랑받고 있음을 느끼라고 요구한다. 왜 그 요구에 굴복하는 걸까? 혹시 당신에게는 그 요구를 뿌리치면 상대방에게 미움받게 될까 봐 두려워하는 마음이 있지 않은가? 당신의 마음 깊은 곳 어딘가에 그들에게 호감을 얻고 싶은 바람이 숨어 있지 않은가? 그런 미련이 남아 있기에 기만으로 가득한 그들에게서 벗어나지 못하는 게 아닐까? 마음 한편에서 그들이 당신을 좋아해줄 거라는 생각을 버리지 않기에 기만으로 가득한 그들의 요구에 굴복하는 게 아닐까? 사실 당신의 마음 어딘가에 그 요구가 사실이기를 바라는 마음이 도사리고 있지는 않은가?

루비만큼 심각하지는 않더라도 기만적인 특정 집단에서 벗어나기를 바라는 사람이 있다. 하지만 그는 그 기만적 집단에서 빠져나오기를 바라면서도 두려움 때문에 진실을 외면한다. 집단에서 떠나라는 요구를 받고 있음을 알면서도 한편으로 자신이 그 집단에 필요한 사람이라는 미련이 남아 기만에 조종당한다.

루비는 가족이 자신을 비웃는다고 하면서, 또 가족이 자신에게 잘해준다고 말한다. 왜 그녀는 이렇게까지 현실 파악을 못하는 걸까? 자신감이 없어서 가족이 자신의 부재를 기뻐한다고 생각하고 싶지 않기 때문이다.

의존심이 있으면, 다시 말해 자아를 확립하지 못하면 마음 속 소망에 기대어 현실을 왜곡한다. 자신이 사라지면 기뻐할 사람들에게 잘 보이고 싶다는 생각을 하다니, 인간은 얼마나 어리석은 존재인가!

한 번뿐인 인생을 이렇게 소홀히 해서는 안 된다. 인생에 감동이 없는 게 아니라 감동하는 마음이 없을 뿐이다. 감동하는 마음은 기만이 없는 집단 속에서 생겨난다.

기만으로 가득한 집안에서 성장한 사람은 자신에게는 돌아갈 보금자리가 없다고 생각하는 게 차라리 낫다. 당신의 보금자리는 미래에 있다. 기만으로 가득한 집안을 향한 미련을 끊어내면 미래에 편안하게 쉴 수 있는 쉼터를 만날 수 있다.

Counseling

35

# 당신의 '마음 공백'을 자존감과 자신감으로 채워라

상담자

"자기 자식을 몇십 년간 정신적으로 고문하여
말할 수 없이 피폐하게 만들어놓고도
'나만큼 괜찮은 부모는 없다'고 뻔뻔하게 큰소리치는
부모를 어떻게 이해해야 할까요?"

심리학자

"세상에는 실제로 이런 유형의 부모가 있습니다.
그들은 위선과 이기심으로 똘똘 뭉친 사람입니다.
그들은 자기 내면의 불안과 갈등을 잠재우기 위해
자식을 이용하며, 다른 사람은 물론이고 자기
자신에게조차 자신의 위선과 이기심을 숨기려 합니다."

## 자식을 정신적으로 학대하면서 '나만큼 괜찮은 부모도 없다'고 큰소리치는 사람들

기만으로 가득한 집안에서 성장한 이는 감정이 빈곤한 사람이 되기 쉽다. 스기타 미네야쓰(杉田峰康)가 쓴 『비틀린 인간관계 — 드라마적 교류분석(こじれる人間関係—ドラマ的交流の分析)』에 보면 다음의 사례가 나온다.

여학생 S는 신경성 섭식장애를 앓고 있는데, 일단 먹기 시작하면 멈출 줄 모르는 데다 심지어 구토를 하면서도 계속 먹는다. 병에 걸리기 전 S는 신기할 정도로 문제가 없는 아이였다. 성적이 우수한 모범생에다 누구나 가정이 원만하다는 사실을 인정할 정도였다. 그런데 발병과 동시에 부모는 S의 증상을 놓고 격렬한 논쟁을 벌였다.

S는 장기간에 걸친 치료를 받고 정신적으로 성장하고 증상도 차츰 나아졌지만 부모 사이는 갈수록 나빠졌다. S가 발병했을 무렵 어머니는 곧잘 이렇게 말하곤 했다.

"애가 병이 나으면 우리 집도 예전처럼 돌아가겠죠. 애가 아프기 전에는 우리 부부가 이렇게까지 서로 날을 세우고 대립했던 적이 없었거든요."

그때 S가 자립할 기미를 보이자 묘하게도 부부간 대립의 골은 오히려 점점 더 깊어졌다. 결국 S의 부모는 별거에서 이혼으로 가는 절차를 밟았다.

저자는 책에서 다음과 같이 말했다.

> 가족을 포함해 아이들을 지도하다 보면, 아이는 좋아졌는데 마치 맞교환하듯 부모 쪽에 부적응이 나타나는 경우가 이따금 있다.

왜 이런 일이 생길까? 이는 부모가 자식을 이용해 내면의 불안과 갈등을 해결해왔기 때문이다. S의 사례가 구체적으로 어떠했는지는 책에 나오지 않지만 어쨌든 그녀의 부모는 S를 왜곡해 자신들 내면의 균형을 유지해왔다.

아이에게 끊임없이 칭찬을 퍼붓는 것도 한 가지 방법이다. 부모의 입맛에 맞는 자녀상을 아이에게 강요하는 것도 마찬가지다. 가령 부모가 미워하는 사람을 아이가 무서운 사람으로 인식하도록 강요하는 것이다.

부모가 자신들을 대단한 사람으로 여기도록 자녀에게 강요하기도 한다. 이를테면 부모는 자신의 직업을 대단한 일로 생각하게 한다. 아이가 부모가 하는 일을 보고 스스로 대단하다고 느끼는 것이 아니라 부모가 다른 직업을 비하함으로써 아이의 가치관이 부모가 원하는 방향으로 향하도록 강요하는 식이다.

또한 아이가 부모에게 감사하도록 강요하기도 한다. 이처럼 부모는 감사를 받음으로써 자기 존재를 인식하려 한다.

자기 내면의 갈등을 해결하기 위해 과도하게 도덕적일 것을 요구하는 부모도 있다. 이는 정신분석학에서 말하는 '투사' 개념이다. 일테면 자신이 비겁한 사람임을 인정하지 않는 부모는 자식에게 비겁하다고 손가락질하며 비난한다. 자신이 의심 많은 성격임을 인정하지 않고 그 의심이 아이에게서 나왔다고 간주해 아이를 의심의 눈초리로 바라보며 비난하기도 한다. 간단히 말해 부모는 아이를 여러 방향으로 닦달한다.

이러한 부모의 기대에 부응하려고 남자아이 행세를 하는 여자아이가 있는가 하면 예쁜 딸 노릇을 하려는 남자아이도 있다. 이 아이들은 왜 그런 행동을 할까? 바라는 대로 하지 않으면 부모가 분노하기 때문이다. 어떤 부모는 열심히 뒷바라지를 해주는데 배은망덕한 자식이라며 원망을 가득 담은 푸념을 주절주절 늘어놓는다.

나 역시 과거에 그랬고, 뮤리얼 제임스도 같은 말을 하고 있다. 그 분노와 원망은 수시로 상대방에게 죄책감을 떠안기는 요구로 나타난다. 이때 아이는 죄책감을 느끼는데 그것은 이유 없는 가짜 죄책감이다. 가짜 죄책감을 안고 사는 사람은 진짜 죄책감에 둔감하다. 얼마나 많은 사람이 이 가짜 죄책감으로 괴로워하며 살고 있을까?

이것은 자기 내면에 자리한 허무감을 다른 사람을 이용해 충족하려는 사람들이 흔히 사용하는 수법이다. 즉, 이용당하는 아이는 '착한 아이'다. 신기할 정도로 문제를 일으키지 않는 순한 아이는 이용가치가 높다. S는 왜곡이 커지면서 신경성 섭식장애에 걸렸다. 그런데 S는 의사의 치료를 받고 정신적으로 성장했다. 다시 말해 부모는 늘 하던 대로 S를 이용할 수 없게 되었다.

S를 이용하고 왜곡함으로써 자신들의 불안과 갈등을 해결해온 부모는 그동안 요긴하게 사용해온 해결 방법을 상실하자 비로소 자신들의 문제와 맞닥뜨리게 되었다. 그리고 그 문제가 부부간의 극심한 대립 형태로 나타난 것이다. 물론 두 사람은 자신들이 S를 불행하게 만들어 마음의 균형을 유지했다고 생각하지는 않는다. 오히려 부모는 자신들이 S를 끔찍하게 사랑했다고 믿는다.

"애가 나으면 우리 집도 예전처럼 돌아가겠죠. 애가 아프기 전에는 우리 부부가 이렇게까지 날을 세우고 대립했던 적이 없거든요."

아마도 S 어머니의 이 말에는 조금도 거짓이 없을 것이다. 그렇긴 하나 그녀에게는 다른 사람을 이해하고 감정을 살피는 능력이 없다. 그녀처럼 자기 자신에게 거짓말하는 사람은 다른 사람을 이해하지 못한다. 이런 사람은 자기감정을 아이에게 강요하면서도 강요한다는 사실 자체를 부정한다. 급기야 아이에게 강요받는다는 감정을 느끼지 말라고 금지하기까지 한다.

이 책의 저자는 다음과 같이 끝을 맺는다.

> 자식을 희생자로 만들고 지배함으로써 어머니(혹은 아버지)는 부부 사이에 잠재하는 근본 갈등과 불만을 아이에게 덮어씌우지 않았을까?

좀 더 일반적으로 말하자면, 신경증 같은 마음의 병을 앓는 사람의 주위 사람들은 그 사람의 회복을 바라지 않는다. 그렇다면 그 사람은 어떻게 해야 할까? 회복을 바라는 사람들 쪽으로 가야 하지 않을까?

S의 사례에서 주위사람들은 S를 왜곡하고 조종함으로써 관계를 유지했다. 만약 S가 좀 더 강하고 참을성이 많은 아이였다면 어떻게 되었을까? S가 몇십 년에 걸친 정신적 학대를 참고 견뎌냈다면 시간이 지나면서 부모도 차츰 성장했을 수도

있다. 만일 그랬다면 이혼까지 가지 않았을지 모른다. 하지만 만일 그랬다면 S는 재기가 거의 불가능할 정도로 병세가 심각해졌을지 모를 일이다.

세상에는 자기 자식을 몇십 년에 걸쳐 정신적으로 고문하면서도 '나만큼 괜찮은 부모도 없다'라고 큰소리치는 사람이 꽤 많다.

## '마음의 공백'은 왜 생길까?

진심으로 당신 자신을 버팀목으로 삼아 살아가겠다고 마음먹으면 당신을 사랑하는 사람과 만날 가능성이 높아진다. 그러나 사람들은 이와는 반대로 자신을 버팀목으로 삼지 않고 버림받을지 모른다는 불안에 떨며 살면서 항상 희생자 역할을 자처하고 만다. 결별하는 것은 상대방이 누구든 서글픈 법이다. 마음의 공백이 생기기 때문이다. 그 공백은 앞으로 만날 사람들로 채워가면서 극복해야 한다.

이 세상에는 자신이 정신적으로 병이 들어야 그나마 관계를 유지할 수 있는 사람들이 있다. 어느 날 밤 나는 텔레비전에서 방영한 영화 〈겨울꽃(冬の華)〉을 중간부터 본 적이 있다.

다카쿠라 켄(高倉健)이 주연을 맡은 그 영화에서 주인공은 폭력배 생활에서 발을 빼려고 한다. 그러나 그는 마음먹은 대로 손을 씻지 못한 채 두목과의 의리를 지키기 위해 사람을 죽인다. 무엇보다 충성심을 소중히 여겼기 때문에 일어난 일이다.

그의 그런 마음가짐 자체는 나무라기 어렵다. 영화를 중간부터 봐서 초반 내용은 알 수 없지만 아무튼 그는 누군가를 죽이고 교도소에 들어간다. 그리고 자신이 죽인 사람의 딸이 성장하는 모습을 지켜보며 그녀의 행복을 진심으로 바란다.

회장과 회장 아들의 신뢰를 얻은 그는 이후 또다시 사람을 죽인다. 그의 손에 죽임을 당하게 된 사람은 그에게 이렇게 애원한다.

"한 번만 봐줘. 내겐 어린 자식이 있어."

그러나 주인공은 그 말에도 아랑곳없이 자식이 있는 부모를 또다시 살해한다. 그는 인간이 소중히 여겨야 할 가치를 나름대로 중시하며 살아가지만 아무리 애를 써도 사람을 죽여야 하는 불행의 쳇바퀴에서 벗어나지 못한다. 왜 이런 일이 발생할까? 그가 속한 집단이 병리 집단이기 때문이다.

세상에는 정신적으로 병든 집단이 있다. 그 병리 집단에는 그들의 존재를 무시하는 알량한 도덕론으로 집단에서 발을 빼려는 사람을 비난하는 사람들이 있다. 그 비난으로 얼마나 많은 사람이 수렁에서 발을 빼지 못하고 고꾸라졌을까?

조직폭력배 집단에는 정신적 병리 집단과 유사한 점이 많다. 그중 하나는 발을 빼려는 사람을 대하는 태도다. 그들은 집단에서 발을 빼려는 사람의 태도에 민감하다. 우선 그럴듯한 말로 구워삶아 집단에서 빠져나가려는 사람의 발목을 잡고 주저앉힌다. 특정 인간을 향한 충성심을 강조하기도 한다. 이런 행태는 인간의 진정한 자립을 방해한다.

Counseling

36

# '마음에 없는 말'을 줄일수록 인생은 자유롭고 행복해진다

상담자

"제게 딱 맞는 좋은 사람을 만나 사귀고 싶고, 결혼해서 멋진 가정을 꾸리고 싶은데, 왜 이 일이 제겐 이토록 어렵게 느껴질까요?"

심리학자

"혹시 당신이 마음속으로 원하는 진짜 이상형과 다른 사람들에게 말하는 '이상형' 사이에 차이가 없는지 차분히 돌아보세요. 예컨대, 입으로는 '성격 좋고 마음이 따뜻한 사람이면 돼'라고 말하지만 마음속으로는 '외모도 준수하고, 학벌도 좋고, 경제력도 받쳐주는 사람'을 원한다면 당신이 진정으로 원하는 사람을 만나기 어려울 수밖에 없습니다."

## 자신이 하는 말에 들어 있는 '거짓'을 간파하라

자신이 거짓말하고 있다는 사실을 스스로 깨닫는 것이 무엇보다 중요하다. 만일 그렇게만 된다면 일은 대부분 술술 풀리기 시작한다. 인간관계가 잘 풀리지 않거나 애인 혹은 친구가 생기지 않는다고 푸념하는 사람은 대개 자신이 하는 말에 들어 있는 거짓을 알아차리지 못한다.

예를 들면 이렇게 말하는 사람이 있다.

"나는 다정다감한 사람과 사귀고 싶어."

사실 이는 그리 까다로운 조건이 아니다. 대단한 부자나 미인, 큰 키, 글래머 몸매 같은 조건을 내건다면 그런 조건을 충족하는 사람을 실제로 만나기 어렵겠지만 다정다감한 사람은 마음만 먹으면 만날 기회가 차고 넘친다.

만약 이 사람이 정말로 '외모는 상관없어. 마음이 따뜻하고 다정다감한 사람이면 돼'라고 생각한다면 의외로 빠른 시일 내에 연인이 생길 가능성이 크다. 그러나 입으로는 '마음이 따뜻한 사람'을 얘기하는데, 좀처럼 연인이 생기지 않는 사람이라면 먼저 자기 마음부터 찬찬히 들여다볼 필요가 있지 않을까?

## '마음속 말'과 '입 밖으로 나오는 말'의 차이가 인간관계를 어렵게 만든다

실제로 그 사람이 바라는 연인은 주위 사람들에게 "야, 끝내주네!"라는 말을 들을 정도의 사람이 아닐까? 입으로는 '마음이 따뜻한 사람이면 돼'라고 말하면서도 속으로는 그와는 전혀 관계없는 사람을 찾고 있는 건 아닐까? 때로 사람들은 자기 말과는 정반대되는 사람을 원하는데, 이런 유형의 사람에게는 좀처럼 연인이 생기지 않는다.

특히 자신감 없는 사람은 주위 사람이 칭찬할 만한 사람을 연인으로 원한다. 자신감 없는 사람은 주위 사람들의 칭찬을 가장 중요시하기 때문이다. 그래서 연인을 선택할 때도 주위 사람들의 시선과 평가를 가장 우선적으로 고려한다.

그러나 그 사람은 입으로는 다른 말을 한다. 입으로는 "마음이 따뜻한 사람"이라거나 "성격만 좋으면 그만"이라고 말한다. 그러나 실제로는 성격이 좋은 사람을 만나도 결혼하려고 하지 않는다. 성격이 좋은 사람이란 솔직하고 모나거나 비뚤어지지 않은 사람을 말한다. 열등감에 시달리지 않는 그런 사람은 얼마든지 있다.

정말로 '성격 좋은 사람'이 유일한 조건이라면 그런 사람을 만나 둘이서 착실하게 노력하면서 예쁜 사랑을 가꿔갈 수 있다. 입으로는 "성격만 좋으면"이라고 말하면서 좀처럼 연인을 찾지 못하는 사람의 경우 자신에게 거짓말을 할 때가 많다. "성격만 좋으면 다른 조건은 묻지도 따지지도 않는다"라는 말도 주위 사람들에게 자신이 '거만하고 까다로운 사람'이라는 인상을 심어주지 않기 위해 하는 말일 확률이 높다.

이는 자만심으로 뭉친 사람이라는 인상을 주위 사람들에게 심어줄까 두려워 겉으로 겸손해 보이는 척하는 데 지나지 않는다. 그러다 자신의 진실한 말조차 잃어버리고 만다.

"성격만 좋으면"이라고 말하면서 스스로 중심을 잡지 못한 채 아무리 시간이 지나도 연인과 친구가 생기지 않는다면 자신에게 거짓말을 하고 있는 셈이다. 정말로 자기 말처럼 생각한다면 연인과 친구는 자연스럽게 생길 것이다.

BAD

심리학자에게 배우는
# 자존감 관계법

1판 1쇄 발행 2021년 5월 10일
1판 3쇄 발행 2023년 5월 10일

지은이 가토 다이조
옮긴이 서수지
펴낸이 이재두
펴낸곳 사람과나무사이
등록번호 2014년 9월 23일(제2014-000177호)
주소 경기도 고양시 일산서구 강선로 142, 1701동 302호
전화 (031)815-7176 팩스 (031)601-6181
이메일 saram_namu@naver.com
디자인 유경희

ISBN ISBN 979-11-88635-46-7 03180

BAD
TRASH

CASE